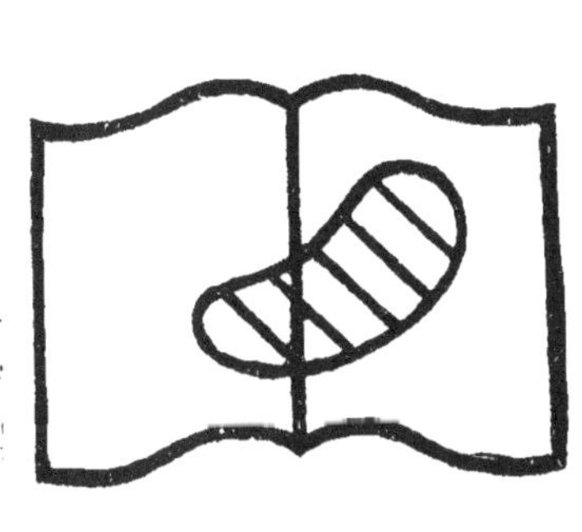

Illisibilité partielle

VALABLE POUR TOUT OU PARTIE DU DOCUMENT REPRODUIT

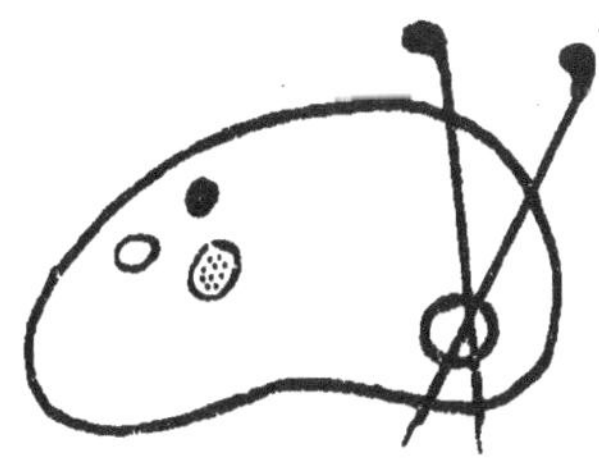

Couvertures supérieure et inférieure en couleur

(Par l'abbé Baudeau, d'après Barbier.)

CHARLES V, LOUIS XII, ET HENRI IV, AUX FRANÇOIS.

PREMIERE PARTIE.

Fuit hæc sapientia quondam.
HORACE.

A PARIS,
CHEZ LES MARCHANDS DE NOUVEAUTÉS.

1787.

CHARLES V, LOUIS XII ET HENRI IV, AUX N......S.

QUAND on est convoqué sous les yeux du monde entier pour conseiller un jeune monarque probe, & qui veut le bien de son peuple, on n'est plus noble, ni prêtre, homme de robe, de ville ni de finance, on est *François* ou rien, le premier ou le dernier des citoyens.

N......s, il est là, qui vous voit & qui vous écoute, le public des honnêtes gens éclairés : il est là pour vous louer & vous bénir, pour vous abhorrer & vous flétrir selon vos mérites.

Le roi, qui vous interroge, veut *ressembler*,

aux bons Princes, dont la mémoire est chérie; c'est le voeu de son cœur. Que lui faut-il donc! Employer les moyens dont nous nous sommes servis, en user de même, pour parvenir au même but.

Un seul mot exprime cette *sagesse d'autrefois.* Appuyés sur la vraie base, & prenant la prospérité générale de l'état par ses racines, nous étions occupés sans cesse, & principalement *à faire fleurir de plus en plus* L'AGRICULTURE *du royaume.* Par cet *unique moyen* peu compliqué, mais infaillible, nous sûmes nous enrichir nous-mêmes: avec nous, les gentilshommes, les bourgeois, *propriétaires des terres*, & les *cultivateurs*; par une suite naturelle, sans être obligés de nous mêler de rien; les manufacturiers, les marchands, le peuple des villes, qui vivent sur la dépense de ces trois premiers ordres de citoyens, se trouvèrent dans l'aisance, & se joignirent aux autres pour nous combler de ces bénédictions qui durent encore.

Ce ne fut pas assez pour nous de ne point aggraver la charge des impôts; nous parvînmes à la *diminuer de plus d'un tiers*, d'une manière que vos écrivains à la mode regardent comme impraticable, faute d'avoir pris la peine de l'étudier, ou d'avoir eu le bonheur de la comprendre ; c'eſt-à-dire, en augmentant beaucoup les revenus du tréſor-royal, & ſoulageant néanmoins toute la nation.

Non-ſeulement nous fîmes payer avec ponctualité les intérêts des vieilles dettes, comme on ſe glorifie de l'avoir fait dans les derniers temps, mais encore nous fîmes rembourſer tous les capitaux ſans exception.

Notre antique prudhommie ſe bornoit à ſuivre les principes excéſſivement ſimples d'un bon gentilhomme, père de famille, dans ſes *propriétés foncières*.

Les grands-maîtres du dix-huitième ſiècle regardent avec dédain cette ſimpleſſe de vos bons aïeux, qui n'entendoient rien aux balances d'importations & d'exportations, aux liſtes de mortalités, au change, à la banque, à l'eſcompte, aux viciſſitudes du commerce étranger, & qui ne s'en trouvoient pas moins capables de gouverner un empire agricole, ſans états de population, ſans petites vues d'épargnes & de réformes *apparentes*, ſans procédés d'agiotage & d'intrigues, pour attirer l'argent des étrangers & des nationaux.

François! écoutez nos ſalutaires maxîmes. Cette *ſage ignorance* des anciens eſt préférable en tout à la *fauſſe doctrine des modernes*. Leurs ſyſtêmes n'aboutissent, en *spéculation*, qu'à faire prendre les accessoires pour le principal, les effets pour les causes, les chimères pour les réalités : ils se réduisent dans la *pratique* à sacrifier les intérêts du roi, de la noblesse, des autres propriétaires de terres & de leurs cultivateurs, aux rentiers oisifs, aux banquiers agioteurs, aux trafiquans du négoce étranger, aux fabricateurs des objets les plus futiles & les plus dispendieux.

Nous allons vous rendre compte de nos principes d'administration, & de leur application au gouvernement des finances. Lisez, & réfléchissez.

PRINCIPES ANCIENS D'ADMINISTRATION.

NUMÉRO Ier.

Distinction naturelle & fondamentale entre les diverses classes de citoyens, qui fait la base essentielle de la monarchie françoise.

AUX yeux de la multitude, un vaste royaume ne présente que le chaos ; aux yeux de la philosophie moderne, il se réduit à trois espèces d'hommes qu'ils regardent comme *ennemis les uns des autres*, savoir, les pauvres qu'ils désignent sous le nom de *peuple*, vivans du travail de leurs mains, les riches qu'ils appellent *propriétaires*, parce qu'ils ordonnent les ouvrages & distribuent les salaires ; & le souverain, qui ne peut gratifier l'une des deux classes, *qu'aux dépens de l'autre*, ni s'enrichir lui-même *qu'en dépouillant l'une des deux* (1).

(1) M. N..., introduction, page LXXXVIII ; tome III, chapitre du luxe & ailleurs ; essai sur la législation, première partie, pag. 98.

Ces deux manières d'envisager les sociétés policées sont aussi fausses dans la théorie que dangereuses dans la pratique.

Voici de l'évidence physique incontestable :

» *Avant* que votre valet de chambre vous passe
» votre habit, *avant* même que le tailleur le fasse,
» il faut que le drap ait été *fabriqué* dans la ma-
» nufacture.

» Mais *avant* de faire le drap & l'habit, il faut
» qu'on ait récolté la *laine* & les subsistances de
» *tous* les hommes qui le fabriqueront, qui le
» voitureront, qui l'acheteront pour le revendre,
» qui le façonneront, pour vous mettre en état
» d'en jouir.

» Enfin, *avant* ces récoltes annuelles des ali-
» mens pour les hommes, & des matières pre-
» mières pour les ouvrages, il faut que les fermiers
» cultivateurs fassent les dépenses & les travaux
» journaliers *qui les produisent*...... *avant* il a
» fallu qu'*un propriétaire*, premier défricheur,
» planteur & bâtisseur, fît les grandes *avances*
» *foncières*, qui rendent le sol susceptible de
» culture.

Car *la nature seule* ne donne ni prés, ni vignes, ni vergers, mais des forêts informes, des friches, des marais ; encore moins fait-elle les chemins, les fossés, les clôtures, les maisons, les étables & les granges.

» *Avant* que ces utiles *fondateurs des do-*
» *maines ruraux*, puissent exécuter avec profit
» & sans danger ces *grandes* & dispendieuses

» entreprises, il faut que l'*autorité* suprême tutélaire
» & bienfaisante établisse l'instruction, la sûreté
» des héritages particuliers, les grandes propriétés
» publiques & communes qui vivifient tout le ter-
» ritoire de l'état.

Car enfin les *premières avances foncières* ne produisant qu'un revenu modique, mais solide & perpétuel, on n'y peut sagement consacrer ses capitaux & ses soins qu'à proportion de la certitude qu'on a d'en jouir soi-même & de les transmettre à ses représentans; sécurité qu'on n'a jamais que sous la sauve-garde & par la vigilance d'une autorité souveraine bien organisée.

Il existe donc évidemment dans la nature un *ordre* général, invariable des avances & des travaux; une primogéniture des états & conditions qu'ils caractérisent; un enchaînement des *causes* & des *effets* que l'ignorance présomptueuse peut méconnoître, que les esprits superficiels sont capables de dédaigner, mais que la raison ne sauroit contester.

Un seul point central, qui fixoit tous nos regards, devroit encore attirer ceux de tous les mortels que les fonctions de leurs emplois ou l'attrait d'un goût patriotique obligent à s'instruire du grand art de régir les finances d'un royaume.

Ce *centre*, quel est-il? *La récolte annuelle des terres cultivées*, tous les fruits sans cesse renaissans de nos prairies, de nos labours, de nos vignes, de nos troupeaux, de nos pêches, de nos mines, de nos carrières.

Cette production générale de la nature *fécondée*

par les avances & par les travaux qui la font naître, fournit pour les hommes & pour les animaux utiles des *subsistances* qui périssent par une consommation subite, & des *matières* pour les ouvrages durables, qui sont usées lentement par le service journalier.

Ce *point capital* distingue les citoyens en plusieurs *classes* marquées par *l'ordre* essentiel des sociétés, & ces classes sont au nombre de *six*. Rien n'est plus important que de les analyser par l'essence même de leurs *travaux*, par la *primauté* de leur influence, & par la dignité de leur caractère : la doctrine orgueilleuse des modernes, qui brouille tous les rangs d'une monarchie, contredit la nature elle-même, & marche à tâtons dans la route des erreurs.

Les trois premières classes d'une société policée sont marquées par des travaux *antérieurs à la récolte* annuelle *qu'ils font naître* comme véritables *causes* ; les trois dernières ne sont que *postérieures*, & la *suivent* comme simples *effets*. Il est donc souverainement abusif de les confondre.

Les ordres supérieurs & primitifs sont premièrement le monarque & sa famille, avec tous les mandataires de son autorité suprême, tutélaire & bienfaisante, qui répandent l'instruction générale & continuelle, qui garantissent les propriétés contre les invasions étrangères par la protection militaire, qui répriment les usurpations intérieures par la justice ; qui procurent par une sage administration les grandes constructions publiques, les villes, les ports, les canaux, les chemins & les ponts; qui *font valoir*, avec les bonnes loix & la bonne éducation, pendant les années & les siècles, toutes les propriétés privées.

Fonctions augustes & sublimes qui sont la source première & principale de tout bien-être pour les particuliers, le principe de toute prospérité publique, & par une juste reconnoissance, le fondement de ce respect, de cet amour pour leurs souverains, toujours si marqués dans les François, incapables de croire, comme les docteurs modernes, » que les *passions* des hommes ont appelé » des *maitres* qui, forcés par l'inquiétude de leurs » voisins, ou excités par leur *propre ambition*, » pour avoir de nombreuses armées, ne pensent » qu'à multiplier les tributs, à diversifier les im- » pôts, à imaginer des emprunts, à chercher » dans le crédit des ressources nouvelles (1) », mais intimement persuadés que *l'autorité paternelle* du monarque est le premier anneau d'une chaine de *travaux utiles* qui font le bonheur des hommes.

La seconde classe est formée des *propriétaires fonciers*, de la noblesse, de la bourgeoisie qui possèdent les domaines cultivables, après les avoir *fondés* par de grands *travaux* & de fortes *avances*; car il faut répéter aux citadins & aux spéculateurs du bel air qu'il en coûte beaucoup, mais beaucoup, aux premiers *créateurs*, pour établir une terre, une ferme, une métairie, même le plus petit pré, le champ le plus médiocre. Ce n'est point la *fécon-*

(1) M. N....., introduction, pag. LXXXIII.

dité du sol, ni la *salubrité du climat* qui font les *propriétés foncières* ; c'est une très-longue suite de soins, de privations & de *dépenses* ; vérité qu'ils oublient sans cesse, & qu'il faut rappeler en toute occasion.

C'est uniquement par l'attention continuelle des héritiers ou des acquéreurs ; par la peine qu'ils se donnent de les entretenir, de les réparer & de les améliorer *à grands frais*, que les domaines ruraux peuvent se maintenir & prospérer.

La troisième classe contient les fermiers, les métayers & tous les autres chefs de culture avec leurs ouvriers agricoles. Ils font continuellement dans l'Etat deux espèces de *fortes avances* ; les premières en meubles, instrumens de labour, bestiaux & semences, lors de leur établissement ; la seconde tous les ans, tous les jours, pour vivre, travailler & satisfaire à toutes les nécessités qui leur sont imposées.

Vos habiles gens prétendus ont beau dire ou supposer le contraire, ces immenses *travaux* de l'autorité suprême, des propriétaires fonciers & des colons, sont évidemment *avant la récolte*. C'est précisément par eux qu'elle est créée ; sans eux, elle n'existeroit pas : tels ils sont, telle est la production.

Quand ils se perfectionnent de mieux en mieux dans l'Etat ; alors la masse annuellement renaissante des subsistances & des matériaux devient plus considérable, mieux assurée, de meilleure qualité, par les loix de la Nature, qui veulent que le pain de l'homme & toutes ses jouissances soient sur la terre l'effet des *dépenses* & du *travail*.

Les trois Ordres inférieurs qui *suivent*, & dont les travaux ne tendent *qu'à faire périr les productions pour jamais*, *par la consommation journalière*, sont : premièrement, les manufacturiers, qui façonnent les *matières*, en usant des *subsistances*. Il est d'une suprême évidence qu'ils ne peuvent opérer sur les unes, & se servir des autres *qu'après leur naissance*. Ils n'en peuvent donc jamais être *la cause*, mais toujours *l'effet*, quoi qu'en disent vos beaux-esprits, qui prennent manifestement la conséquence pour le principe. Car enfin, ni les grands mots sonores, ni les figures oratoires, ne feront jamais oublier au bon sens commun, qu'il est physiquement impossible de fabriquer des matières *à venir*, en se nourrissant d'alimens *futurs*.

Après les manufactures, vient la classe des trafiquans & négocians, qui ne font qu'acheter les marchandises plus ou moins façonnées, pour les revendre, y compris les banquiers, escompteurs & marchands d'argent, avec les voituriers par terre ou par mer, qui transportent les objets du lieu de leur naissance à celui de leur consommation.

Enfin la classe des hommes qui ne sont occupés qu'à rendre aux autres des services purement personnels, & qui reçoivent des salaires habituels ou passagers pour prix de leurs talens, de leurs soins & de leurs ouvrages, plus ou moins ingénieux, plus ou moins utiles.

Quelques efforts que fassent tous ces gens-là pour sortir, s'ils pouvoient, de la place que leur assigne l'ordre évident & naturel des sociétés policées ; ils ne peuvent manufacturer, voiturer, négocier, employer pour les autres, ou consommer eux-mêmes, que des matières *ci-devant* récoltées & arrangées, que des subsistances nées dans les années *précédentes*.

Il est manifeste que les *travaux* caractéristiques de ces trois dernières classes, n'ayant pour but que de rendre la *consommation* plus facile, plus utile & plus agréable, ne tendent en cette année 1787, qu'à faire *détruire à perpétuité*, par l'usage *les productions* déjà récoltées *en 1786 & dans les années antérieures*.

Tout au contraire, *le Monarque*, avec les mandataires, de son autorité suprême, tutélaire & bienfaisante, dans les départemens de l'instruction publique, de la protection civile ou militaire, & de l'administration des grandes propriétés communes : la noblesse & la bourgeoisie *propriétaires des fonds de terres*, par les dépenses & les travaux, soit de premières fondations des domaines cultivables, soit d'entretiens, de réparations, d'améliorations de leurs héritages ; & *les chefs des exploitations rurales*, par leurs avances & labours, travaillent directement & uniquement, en 1787, aux récoltes *futures* des années 1788, 1789 & *suivantes*, pour les *faire naître*, avec d'autant plus de certitude & d'abondance ; pour en faire jouir la Nation d'autant plus avantageusement, que ces grandes & utiles fonctions seront *mieux remplies*.

Par quel motif & pour quelle fin vos docteurs à la mode, font-ils toujours semblant d'ignorer *ces distinctions évidentes*, qu'ils ne peuvent effacer, puisqu'elles ont leur principe dans *l'ordre naturel*

& qu'elles ont de tout temps servi de base à la monarchie françoise.

Que peuvent produire ces ténèbres épaissies comme à dessein sur les premiers principes de la *théorie ?* Des résultats obscurs, imparfaits & pernicieux dans l'application.

Pour avoir méconnu, comme les déclamateurs qu'ils ont choisis pour guides, cette distinction évidente des *six classes* de citoyens caractérisées par l'essence de leurs *avances* & de leurs *travaux*, par leur primogéniture, par *l'Influence* plus ou moins directe qu'ils ont *sur la récolte*, ou qu'elle a *sur eux ;* vos modernes auteurs, tant célébrés par des louangeurs à gages, n'ont donné, dans tous leurs ouvrages, que des notions vagues, fautives, illusoires & même très-dangereuses, malgré leurs bonnes intentions.

A l'égard du Monarque, ils induisent à de très-grandes erreurs sur l'origine & la nature de son autorité protectrice & salutaire, sur ses droits & ses devoirs, sur ses plus chers intérêts, & sur les objets principaux de sa sollicitude paternelle.

A l'égard de la noblesse & de la bourgeoisie, *propriétaires de terres*, leur fausse théorie les conduit jusqu'à les regarder *comme les ennemis publics de* l'état, qu'on appeloit en propres termes, en 1775 (1), » *des bêtes féroces élancées sur le*

(1) Essai sur la Législation, par M. N..., seconde Partie, page 147.

» *peuple pour le dévorer*, qu'on accuse d'être les » seules causes du luxe & de tous les maux de la » société (1) : qu'on dénonce au Roi, comme la » classe de citoyens, dont *il faut sans cesse tem-* » *pérer la puissance & restreindre la richesse* « ; sinon par de nouveaux partages des terres, qu'on a l'air de regretter (2), au moins en multipliant sur eux les impôts (3), en les obligeant, par des réductions forcées, à vendre le produit de leurs héritages fort au dessous de son *prix naturel*, pour favoriser les trafiquans, les exportations, les capitalistes & les agioteurs des emprunts (4).

A l'égard des *cultivateurs en chef*, & de leurs travaux, vos grands docteurs ne se donnent pas la peine d'en parler, comme si l'*agriculture* & le *pâturage* n'étoient pas les deux mamelles de l'état. Ils confondent les fermiers avec la populace des villes; on confesse ingénuement, du sang-froid le plus merveilleux (5), *qu'on ne sait pas un mot de l'état de vos terres cultivées*, & l'on croit ne rien ignorer de ce qui peut être utile à l'administration d'un grand Empire agricole ! Le peu qu'on témoigne quelque velléité d'en apprendre peut-être un jour dans ses loisirs (6), d'une manière très-

(1) Tome III, chap. XI.

(2) Tome III, page 103.

(3) Tome III, chap. XI.

(4) Même tome, chap. XXI.

(5) Tome III, page 331, & ailleurs.

(6) Tome III, chap. XXVIII, page 357.

confuse, très-imparfaite, & par-là même très-inutile; on le range dans la seconde partie des recherches conseillées, comme objet de *curiosité pure*, & tout au plus d'un usage très-éloigné.

Quant aux trois classes *inférieures* & secondaires de la société, les sophistes modernes, dont la doctrine orgueilleusement futile, est développée dans plusieurs nouveaux ouvrages ne font aucun cas des manufactures, du commerce & des arts, qui ne servent que dans *l'intérieur du royaume* aux besoins *des citoyens*. Mais uniquement de ceux qui travaillent pour les *étrangers*.

S'ils proposent en apparence quelques adoucissemens sur les impôts, sur les corvées, sur les milices, par des motifs très-vagues & très-équivoques, par des moyens très-imparfaits & même dangereux; s'ils ont fait ou médité *par simple imitation*, assez mal entendue, quelques épargnes ou quelques établissemens favorables au bien public; c'est précisément & uniquement, d'après leur propre aveu très-formel, *pour favoriser le credit & les emprunts*, qu'ils regardent comme les principales sources de *puissance* pour les Empires qu'ils enseignent à gouverner (1).

Voici donc l'abrégé de ce nouveau *systême*..

» Il faut exiger sans cesse de très-grands *sacri-*
» *fices* de leurs revenus & de leurs jouissances, de
» la part *du Roi même*, de la noblesse, de la
» bourgeoisie *propriétaires de terres & des cultiva-*
» *teurs*. Pour *favoriser* de plus en plus, non pas

(1) Tome III, chap. XXI, page 236 & suivantes.

» les agens des manufactures du commerce & des arts » qui servent la Nation dans l'intérieur du royau- » me ; mais *uniquement* ceux du *trafic étranger.* » Pourquoi cette préférence ? Pour attirer dans la » bourse des capitalistes *prêteurs*, une forte por- » tion de l'or & de l'argent qui sort tous les ans » des mines, & pour *l'emprunter au besoin, par* » *un petit nombre d'agens*, c'est-à-dire, sans » doute *par deux* ou *trois maisons de banque* » *seulement* (1) «.

Mais, pourquoi ce crédit perpétuel ? Pour multiplier *des armées de terre & de mer* qu'on puisse soudoyer, *hors des frontières*, afin d'ensanglanter la terre *pour le commerce* (que la guerre *détruit*), & pour ajouter (sans profit pour les officiers, qu'on trouve trop *nombreux* & trop *bien payés*), *vingt-quatre millions tous les ans*, à cent quatre-vingts millions, & plus que coûtent déjà la force militaire, la marine & la politique, dans un royaume agricole, qu'on n'attaqueroit jamais, sur-tout, étant bien gouverné ; qui doit trois milliars, & dont la production territoriale a besoin des secours les plus urgens.

Cinquante mille soldats, dix à douze mille chevaux *de plus*, quarante millions surajoutés en argent comptant, & quatre millions annuels pour la marine militaire : tels sont les premiers articles que l'on fait entrer dans » *le tableau* de la force » & de la prospérité de l'État (2). Pour second,

(1) Tome III, page 254.

(2) Tome III, page 414.

ils proposent que le Roi *sacrifie* tous les ans vingt-quatre autres millions de ses revenus à modifier *très-mal* deux impôts, la gabelle & les douanes, & ils avouent naïvement « que cette *modéra-» tion des impôts a pour objet le crédit.*

C'est uniquement pour pallier cet étrange résultat, qu'ils emploient tant d'éloquence à confondre tous les rangs & tous les emplois de la Société, toutes les avances, tous les travaux. Leur manie perpétuelle est de ne voir qu'oppositions d'intérêts, que guerres, que combats de peuple à peuple, de citoyens à citoyens. Non-seulement les Souverains doivent être sans cesse armés à très-grands frais les uns contre les autres, & ne tendre, *même en temps de paix*, qu'à s'affoiblir & se ruiner par les guerres sourdes & très-dispendieuses de *la politique* & *des douanes*; mais encore dans chaque État, il faut que le Monarque soit toujours occupé très-spécialement à tempérer la puissance, & à modérer les richesses des *propriétaires* qui sont les *ennemis* & les fléaux *du peuple*.

Ce paradoxe fondamental, est heureusement aussi facile à réfuter, que dangereux & funeste au royaume de France.

N°. II.

Démonstration du point central *qui réunit tous les intérêts des six classes de citoyens dans un état agricole, & qui doit servir de second principe à l'administration des finances.*

Les auteurs modernes ne trouvent, disent-ils, dans les États policés, que *contrariétés d'intérêts*, sans aucune *voie de conciliation*. En général, « tout *bénéfice* qui se fait dans l'intérieur d'une » société par une des *trois* grandes *classes* qui la » composent, le souverain, les propriétaires & les » hommes de travail, *ne peut* avoir lieu *qu'aux* » *dépens des deux autres*. L'harmonie qui existoit, » est alors dérangée, & c'est *un mal* sans doute, » si cette harmonie étoit convenable ». (1)

Ils s'obstinent toujours à considérer un vaste royaume sous l'image terrible d'un champ de bataille, où le monarque, les propriétaires & le reste du peuple, armés les uns contre les autres, combattent sans cesse avec acharnement. Les nations n'offrent jamais à leurs yeux que des monstres dévorans & des victimes égorgées.

Le Prince ne peut grossir son trésor qu'en dépouillant un des ordres de citoyens; & dans cette

(1) M. N. *Essais de 1775, première Partie, pag. 98. Introd. pag. 88.*

cruelle nécessité, c'est contre les *propriétaires* qu'il doit s'acharner par préférence.

Les *riches* ne peuvent augmenter leurs biens & revenus qu'en faisant sur les *pauvres* des usurpations vexatoires & tyranniques. Ces idées donnent contre les têtes couronnées les impressions les plus funestes, elles ne tendent qu'à soulever la populace des villes contre la noblesse & la bourgeoisie *propriétaires de terres*, qu'à faire fermenter de plus en plus entre les états voisins, le malheureux levain des rivalités trop souvent cimentées par le sang & par les larmes.

Rien n'est donc plus important pour vous, François, que cet objet de discussions; car c'est lui qui règle par avance tout ce qu'on doit attendre de la doctrine & des conséquences adoptées par un administrateur.

S'il est persuadé qu'il seroit *physiquement impossible* de procurer aucune espèce de profit au *souverain*, aux *propriétaires* & au *peuple*, autrement qu'en faisant du mal à deux parties, pour favoriser l'une des trois; en ce cas tous ses raisonnemens, tous ses projets, tous ses moyens se réduisent donc nécessairement à *dépouiller* ou le Roi, ou l'une des classes de la nation.

Mais avant de l'entendre sur les procédés plus ou moins recherchés de cette *spoliation des uns ou des autres*, le bon sens & l'humanité n'élèvent-ils pas la voix pour crier qu'on examine au préalable, avec tout le soin possible, ce *principe de sang*, débité si tranquillement comme un axiôme incontestable.

Quand un *propriétaire* sage & honnête, au lieu

de bâtir à la ville de beaux hôtels, construit à la campagne deux ou trois bonnes fermes; quand il plante un verger, une vigne, au lieu d'une charmille; quand il entretient des ouvriers pour marner des champs ou engraisser des prés, au lieu de les payer pour sabler & ratisser des allées; il assure évidemment, un *bénéfice annuel* à lui & à sa *postérité*.

Aux dépens de quelle *classe*, de quel individu, se procure-t-il cet accroissement de *revenus*? Aux *dépens de personne*.

Elle est donc *fausse*, *évidemment fausse*, de la *fausseté* la plus incontestable, cette maxime fondamentale des Philosophistes à la mode, « *qu'il* » *ne se fait aucun bénéfice* pas *les uns*, dans un » Empire, *qu'aux dépens des autres*. ».

C'est là, c'est précisément là, qu'il faut arrêter les écrivains à paradoxes.

Aux dépens de qui, répondez, si vous l'osez, *aux dépens de qui?* dans l'univers entier, ce bon *propriétaire* va-t-il se procurer dix à douze mille livres de rentes nouvelles, héréditaires à perpétuité dans sa famille ou dans celles de ses représentans!

Est-ce *aux dépens du roi?* Il *est évident* que *non*, car le Souverain prendra *sa part* des nouveaux produits, *continuellement renaissans* de ces fermes, de ces vignobles, de ces prairies, que la sagesse du père de famille vient *de créer*. Jamais les propriétaires ne l'ont refusée : ils sont dans l'heureuse impossibilité de contester à l'autorité suprême, tutélaire & bienfaisante, la portion qu'elle a droit de revendiquer dans cet accroissement *des récoltes annuelles*. Ils ne sont pas, comme les capitalistes, *vendeurs* d'*argent* qui *font la loi*, même *aux Monarques*, suivant *vos propres aveux* (1).

Est-ce aux dépens des *cultivateurs* & de leurs *ouvriers agricoles?* Il est évident que *non*. Car, après les avoir soudoyés pour faire *les grands travaux originaires*, qui fondent les domaines cultivables, il faudra qu'il en reste plusieurs *à perpétuité sur le sol*, attachés à le faire valoir.

Voilà donc *évidemment* les trois premières classes de la société civile bien *unies* par un seul & même *intérêt commun*, les voilà qui *gagnent incontestablement* toutes *les trois ensemble*.

Quoiqu'on en puisse dire, il n'y a point là de *lions dévorans, qui s'élancent sur leur proie*, ni *d'animaux sans défense, qui se laissent déchirer*; mais au contraire des associés qui profitent paisiblement, & chacun pour sa part.

Est-ce *aux dépens des manufactures?* Il est évident que *non*; les prés, les terres, les vignes, les vergers nouvellement *créés*, ou considérablement *améliorés*, vont fournir plus de subsistances pour les hommes & pour les animaux utiles, plus de matières pour les ouvrages d'industrie.

Est-ce *aux dépens des marchands?* Il est évident que *non*; car cette augmentation annuelle des denrées simples & des objets façonnés, donnera nécessairement de nouveaux objets aux spéculations du commerce.

Enfin, est-ce aux *dépens des simples artisans & des salariés?* Il est évident que *non*; car il y aura plus d'ouvrage, le Souverain, les propriétaires, les

(1) Tome III, page 239.

cultivateurs, les fabricans, les négocians, qui trouvent tous, *dans la nouvelle récolte*, une augmentation de profit, pourront employer & payer plus de monde.

Ainsi donc, encore un coup, répondez sans détour, si vous pouvez, *aux dépens de qui?* Ou plutôt n'essayez pas de faire une réponse impossible, & convenez enfin que votre principe est, par bonheur pour les hommes, *de toute fausseté*.

Bien loin d'être obligé *de faire perdre le* souverain & les *quatre* autres *classes* de ses concitoyens, un sage *propriétaire foncier* fait évidemment & nécessairement *le profit de toutes*, & *le mal de personne*, quand il préfère *d'employer des hommes & de l'argent* à l'accroissement & à la perfection des *héritages cultivables*, d'où suit l'augmentation des *récoltes annuelles*.

Elle est donc entièrement démolie par le fondement, cette doctrine superbe de la philosophie moderne, si méprisante & si triste pour l'humanité.

Non, le créateur de cet univers ne nous a point fait pires que les bêtes féroces, pour nous dévorer les uns les autres. Il a distingué notre espèce par un instinct sublime & caractéristique, qui l'élève au-dessus de tous les animaux, qui la rend la reine du monde & la maîtresse de la nature. Cet instinct propre à *l'homme seul*, qui fait le titre de sa dignité prédominante dans la chaîne des êtres, c'est l'*art agricole* qui s'approprie la terre même, qui la subjugue, qui la force à faire naître les objets qui nous sont les plus agréables ou les plus utiles, à les produire meilleurs ou plus surement, & avec plus d'abondance. Où sont les autres espèces, qui sachent exercer cet empire sur le globe que nous habitons! C'est ce qu'il faut demander, pour les confondre aux soi-disans sages du siècle, qui se plaisent à ravaler les hommes au-dessous des bêtes sauvages.

C'est aussi *dans cet art primitif*, le plus noble de tous, le seul principe de tous les autres, que se trouve encore le germe de la paix & de la société fraternelle qui nous unit tous.

Perfectionner de mieux en mieux l'agriculture d'un grand royaume, par nos procédés simples, mais salutaires, des siècles précédens, « c'est le se-» cret naturel, évident, infaillible, profondément » ignoré par vos éloquens dissertateurs, de procurer » le *plus grand bénéfice* à toutes les *classes* d'une » société civile, *aux dépens de personne* ». Ce qu'ils regardent comme *physiquement impossible*.

Que faudroit-il, pour assurer cette amélioration progressive & continuelle des *propriétés territoriales* des cultivations & des récoltes? Il faudroit y multiplier à la fois, l'argent, les hommes & l'industrie. *Il faudroit attirer* & fixer de plus en plus *à la terre*, le travail, la richesse & le savoir, c'est-à-dire, *opérer précisément le contraire* des pratiques alambiquées, dont la science à la mode paroît faire votre étude. Voilà de par la nature, & d'après ses loix irréfragables, *l'intérêt commun* des *nations* & des *rois*...

Premièrement, que le *monarque*, devenu plus riche, emploie tous les ans un grand nombre d'hommes, une plus grande somme d'argent; avec des moyens plus perfectionnés, à la multiplication des grandes routes, à la confection des ponts & des canaux, aux ouvrages de l'art, qui ont rendu des rivièges navigables ; & pour tout dire, en un mot, aux grandes *avances souveraines*, qui couvrent & vivifient tout le territoire, au lieu de les *employer ailleurs* d'une manière absolument *stérile*, qui ne laisse rien après elle.

Secondement, que la majeure partie des *propriétaires fonciers* de l'état, puisse & veuille, de sa part, suivre l'exemple du *bon père de famille*, que je viens de citer ci-dessus ; que, bornant, avec prudence, tous les ans les jouissances purement agréables à une portion de leurs revenus quittes & disponibles ; ils en consacrent une autre à former de nouveaux héritages cultivables, ou à perfectionner les avances des anciens.

Troisièmement, enfin, que les cultivateurs en chef, mieux instruits dans leur art sublime, pourvus de moyens plus abondans & plus efficaces, encouragés par des motifs puissans d'émulation, épargnent les frais, & néanmoins assurent, multiplient, bonifient de plus en plus leurs labeurs, leurs dépenses & leurs *récoltes annuelles*.

Plus riches, les citoyens des trois premières classes dépensent davantage & payent mieux ; *plus pauvres*, ils sont obligés de restreindre leurs jouissances & leur consommation ; ils sont réduits à distribuer moins de soldes & moins d'ouvrage. Leur fortune est donc la règle qui fixe le sort des autres.

APPLICATION DES PRINCIPES.

NUMÉRO I.er

Des revenus du Roi, & de leur vraie source; du systême actuel, & de sa réformation.

LA théorie des impôts se réduit évidemment au problême dont nous avions cherché si soigneusement & trouvé si heureusement la solution.

» Faire ensorte que le roi *gagne* beaucoup plus, » & que la *nation perde* beaucoup moins ».

Par quel acharnement inconcevable vos docteurs modernes se donnent-ils tant de peines pour étouffer ce rayon de lumière?

» *Impossible* (disent-ils), & vous n'offrez » qu'une chimère, en proposant de *transformer* » subitement, & *d'un seul coup*, *tous les impôts* » en une perception directe des *revenus terri-* » *toriaux* (1) ».

» *Impossible*, dites-vous? » Eh bien, on peut *démontrer* le contraire *par vous-mêmes*, en exposant les fausses suppositions, les erreurs de calcul, les omissions d'emploi.

1o. *Fausses suppositions*: on n'a jamais dit, qu'il faut *subitement*, & *tout-à-coup*, abolir la

(1) C'est le sujet du Chapitre VI des Mémoires de M. N. tome premier, pages 156 & suiv.

totalité des autres recettes, & les *transformer* en une taxe sur les *revenus des terres.*

On dit que *l'unité de taxes* est le *régime* d'un royaume *nouveau*, qu'on voudroit bien administrer, celui *de la nature*, de sa loi de *justice*, de son ordre de *bienfaisance.*

Mais, quoique le régime d'un homme, toujours sain & toujours vigoureux, soit de faire un ou deux bons repas dans la journée; celui d'un malade, que la fièvre n'a pas encore quitté tout-à-fait, après une longue & périlleuse attaque, *n'est sûrement pas le même*, & ce dernier état est malheureusement celui de toutes les sociétés civiles, dans votre Europe moderne, désolée depuis deux siècles par les *nouveaux principes* de finances.

C'est toujours par degrés qu'on rapproche un convalescent de son ancienne vie commune : ce procédé, prescrit par la sagesse, a toujours été conseillé pour la *maladie politique.*

Entrons dans les détails, & vérifions les mécomptes.

On suppose donc, mais uniquement, parce qu'il plaît ainsi, qu'il s'agiroit de supprimer tout-à-coup, & dès le premier moment, *trois cens soixante-sept millions & demi*, produits par tous les impôts, & de les *transformer* à l'instant même *en un certain nombre de vingtièmes.*

On convient cependant, en propres termes, que, dans ce cas même, il y auroit *trente-trois millions* de bénéfice annuel à partager entre le roi & son peuple, parce que « *les frais* connus, » qui sont de cinquante-huit millions tous les ans, » ne seroient plus que de vingt-cinq ». N'est-ce donc rien que trente-trois millions gagnés tous les ans ?

» Mais (dit - on sur - le - champ) le produit » des impôts à supprimer vaut *près de seize vingtièmes* ; il y en a déjà près de trois : vous en » leveriez donc *environ dix - neuf* » , & c'est sur la foi de cet *épouvantail* qu'on croit avoir prouvé *l'impossibilité prétendue*.

Donnez à cet objet important toute l'attention qu'il mérite.

Faisons le plus grand pas qu'il soit possible , & supposons la transformation qu'on pourroit faire quelque jour *de la ferme & de la régie générale en une perception de remplacement* , après qu'on l'auroit *essayée provisoirement* , avec les procédés de justice & de sagesse que le roi ne pourroit manquer de mettre dans une si grande opération , s'il la trouvoit praticable.

Les modernes ont proposé *quelques modifications* des impôts *affermés & régis* par des procédés très-compliqués , & sujets à de grandes objections. Examinons un autre plan , plus juste , plus utile au roi & à la nation.

La ferme & la régie lèvent sur la nation , l'une cent quatre-vingt-six millions (1) , l'autre environ cinquante-un millions & demi (2) , en tout , deux cens trente-sept millions & demi. Le Roi n'en reçoit qu'environ deux cens.

(1) Tome premier , page 9.

(2) *Ibid.* page 15.

Si la nation fournissoit au Roi deux cens vingt millions quittes & sans frais, par un *remplacement*, il y auroit de bénéfice, pour son trésor, environ vingt millions tous les ans, capable de former un fonds d'amortissement pour éteindre successivement les capitaux de ses dettes.

Nous avons déjà la moitié du problême, *l'enrichissement du roi, qui gagneroit un superbe revenu.*

» Mais quoi ! vous voulez imposer aux proprié-
» taires des terres deux cens trente millions & demi
» par forme de vingtièmes, à cause des frais.

NON, non, il s'en faut beaucoup, mais beaucoup, & voici pourquoi.

Premièrement, *la dépense publique* est (1) de six cens dix millions annuels.

Je vais en retrancher cent quarante pour les objets qui ne doivent souffrir nulle diminution quelconque en aucun cas, comme la paie des soldats, la confection des chemins, & autres objets privilégiés. Il n'en restera pas moins quatre cens soixante-dix millions de dépenses, dont vous comptez deux cens sept en intérêts de la dette nationale, le reste en gages, appointemens, salaires & pensions.

Quant aux *créanciers de l'état*, ils ont joui jusqu'à présent de l'exemption des tailles, capitations & vingtièmes sur leurs rentes viagères ou perpétuelles. On la leur avoit promise, à la bonne heure; mais ils ont toujours payé la gabelle, les aides, les droits sur la viande, sur les boissons,

(1) Tome deuxième, pages 517 & suivantes.

sur les cuirs, sur l'amidon, sur les minéraux, sur les étoffes, &c. &c. &c.

Si jamais le roi, dans sa haute sagesse, transformoit toutes ces perceptions onéreuses, seroit-il juste que les *rentiers* eussent le profit de cet affranchissement, & que les seuls *propriétaires fonciers*, déjà si grevés, fournissent tout le *remplacement*? Non sans doute; car ce seroit le comble de la déraison.

Il en est de même des employés, des gagistes & pensionnaires du souverain, puisqu'ils jouiroient tous de la cessation de ces impôts, qu'ils supportent journellement comme les autres, ils devroient fournir leur part de l'*équivalent*, & ils ne s'y refuseroient pas.

La matière qui seroit imposable à une taxe de remplacement, ne se borneroit donc pas, comme disent les docteurs modernes, aux quatre cens trente millions de revenus fonciers. Il faut y joindre quatre cens soixante-dix autres millions de rentes, gages, pensions, salaires, & autres gratifications annuelles, par conséquent *neuf cens* millions, qui contribueroient avec toute justice au remplacement.

Mais le clergé du royaume entier, qui possède (1) environ cent & quelques millions de revenus, paie de tout temps la gabelle, les aides, tous les autres droits des fermes de la régie. *La matière imposable au remplacement*, seroit donc d'un milliard au moins; en observant toute raison, toute équité, vous ne la portez qu'à quatre cens trente millions.

(1) Tome deuxième, pages 308 & suivantes.

Les omissions d'emploi sont de cinq cens soixante & dix millions annuels.

Mais, sur cette masse effective, qu'il est juste & nécessaire d'assujétir au *remplacement*, faudroit-il imputer la totalité des deux cens trente millions & demi par an? Vous le croyez? Eh bien, c'est encore une *illusion évidente.*

D'abord les *pays d'états*, la Bretagne, le Languedoc, la Provence, la Bourgogne, la Flandre & l'Artois, ne *contribueroient-ils* pas à la formation du *remplacement?* Il est vrai qu'ils jouissent de l'exemption totale ou partielle de quelques-unes des taxes de la *ferme* & de la *régie*, que les pays d'états ne supportent pas *immédiatement*; mais il n'est pas moins réel qu'ils en souffrent indirectement & par contre-coup.

La gabelle fait le plus grand tort aux Bretons *sur le débit de leur sel*, quoiqu'ils soient heureusement encore affranchis de ce terrible fléau : les aides & octrois nuisent à la Guyenne, au Languedoc, à la Bourgogne *sur les vins*; l'impôt des *huiles* à la Provence, &, qui pis est, tous ces pays d'états, sont enfermés entre deux barrières & deux armées de commis, dont les uns les séparent de l'univers; les autres les divisent d'avec la France même; en outre, ils paient directement, les uns de petites gabelles, d'autres le tabac, les droits sur les cuirs, &c. &c.

On peut donc assurer que, dans le cas où il plairoit au roi Louis XVI de réformer un jour tout ce systême si compliqué des derniers siècles, les pays d'états, peuplés d'excellens citoyens, qu'il est très-facile d'éclairer, quand on a pour leurs priviléges & leurs opinions tous les égards convenables, donneroient volontiers une portion du remplacement, au moins jusqu'à concurrence de dix millions.

Secondement (1) les fermiers, & leurs ouvriers agricoles, les manufacturiers, les marchands, les salariés, *qui profiteroient de l'affranchissement*, ne s'empresseroient pas d'augmenter leurs fermages ou de diminuer leurs marchandises & salaires. Par conséquent, qu'il seroit juste & raisonnable de faire provisoirement une petite addition aux tailles & capitation, jusqu'à la réforme de ces mêmes taxes, qui ne viendroient qu'à la suite de celle dont il s'agit.

Sur ces deux objets, que je suppose encore subsistans, jusqu'au moment d'en corriger les vices (2), trois vingtièmes sur-ajoutés donneroient près de vingt millions pour le nouveau remplacement.

Observez, je vous prie, que c'est une taxe modérée dans les pays d'élections dont il s'agit uniquement ici. Supposez un particulier qui paie dix francs de premier, de second brevet des tailles, de capitation, & des autres accessoires, n'eût-il que sa femme & deux enfans; ils consommeront au moins dix-huit livres de sel, qu'ils acheteront quatorze sols. C'est plus de dix francs de *surcharge* pour la *gabelle seule*; car le sel, au prix marchand, vaut à-peu-près deux sols. Ne prissent-ils pour eux tous au cabaret que quatre vingt bouteilles de vin,

(1) Tome premier, page 167.

(2) Ibid. page 8.

surchargées de deux sols au moins par les aides ; c'est huit francs. Enfin le tabac, les cuirs, &c. &c. leur coûtent plus d'un écu. Total plus de *vingt-une livres.*

Ils parlent *du peuple*, *de la tutelle du pauvre*, vos soi-disans docteurs à la mode ! Comment peuvent-ils concilier ce sentiment avec l'apologie des droits affermés & régis, qui tombent si lourdement sur *les plus malheureux*, & toujours à proportion de leur indigence ?

Car enfin les consommations ci-dessus détaillées sont celles d'un petit ménage, & les impôts dont il s'agit lui coûtent *plus que le double de la taille.* Si le chef de famille étoit un peu plus riche, on le cotiseroit à vingt francs, & néanmoins ses consommations de genre seroient encore à-peu-près égales. Les impôts de la *ferme* & de la *régie* ne lui coûteroient donc de sur-taxe que la même somme de vingt livres, *pareille* à celle du collecteur.

Plus pauvre, il ne paieroit *de tailles* que cent sols, encore lui faudroit-il pour lui, sa femme & ses enfans, autant de sel, autant de vin ; car nous n'avons compté qu'à-peu-près une bouteille par fêtes, dimanches & jours de marché, entre quatre personnes, autant de tabac, &c. &c. &c. &c. Il fourniroit donc, dans sa misère, à la ferme & à la régie, *quatre fois plus* qu'au collecteur ; & c'est-là de la bonne administration, de la tendre *sollicitude pour le pauvre peuple ?*

On trouve très-simple, très-équitable, que le malheureux gagne-denier, qui vient de passer sa journée dans la fange, à la pluie & à la neige, sur les ports, paie *quatre* sols de surcharge sur une bouteille

bouteille de vin de Surêne ; & l'abbé de Citeaux, tout autant, pour une bouteille de vin de son clos de Vougeaux : que le pauvre en paie autant pour son verre de mauvaise eau-de-vie, le matin, qu'un millionnaire, le soir, pour un verre de crême des Barbades. Et cela s'appelle, au gré des docteurs, faire porter l'impôt sur l'*opulence*, au grand *soulagement du peuple ?* Ah ! qu'il y a loin des *phrases* aux *effets !*

Le moyen de soulager le pauvre peuple tout entier, seroit donc de transformer la gabelle, les aides, & tous les impôts de cette espèce, affermés ou régis, & de ne percevoir, par forme de *remplacement provisoire*, que trois sols pour livre des tailles & capitations ; car sur une cote de trente livres, qui suppose un ménage dans l'aisance, cette *taxe de remplacement* ne coûteroit que quatre livres dix sols.

Mais la *gabelle seule* coûte beaucoup plus sur la consommation *du père de famille seulement*, sans compter ni femmes, ni enfans, ni domestiques.

La preuve de ce fait est très-facile. *Dans les pays de grandes gabelles la consommation est de neuf livres, tous les ans, par chaque tête d'habitans de tout âge & de tout sexe* (1).

Or le sel qui coûte au peuple quatorze sols la livre, n'en vaudroit assurément pas trois sans la gabelle. Il y a donc plus de dix sols par livre de sel en surcharge de Gabelle, multipliez par neuf, & vous trouverez plus de *quatre livres dix sols* ;

---

(1) Tome deuxième, page 13.

ce qu'il falloit démontrer, & voilà comme il faut calculer, quand on veut prendre en main *la tutelle du peuple*.

Le sel de la femme & des enfans, les Aides & tout le reste de l'attirail seroient *en pur bénéfice* pour le pauvre père de famille. Observez que c'est non-seulement *sans aucun sacrifice* de la part du Roi ; mais dans une supposition qui lui fait gagner tous les ans vingt bons millions de nouveaux revenus.

Entre les *pays d'états* & le *peuple*, des dernières classes. Nous avons déjà pour trente millions de *remplacement* ; par conséquent nous n'avons plus besoin de bonifier au trésor royal que deux cens millions, c'est-à-dire, *quatre vingtièmes* à retenir sur les parts prenans de la *dépense*, rentiers, pensionnaires, &c. quatre vingtièmes à percevoir de plus sur les fonds de terres.

NUMÉRO II.

Problême très-intéressant pour la Noblesse, le Clergé, la Bourgeoisie, propriétaires des fonds de terre.

Premièrement, des deux cens trente-sept millions & demi que les impôts sur les consommations font dépenser : les *propriétaires fonciers* en supportent beaucoup plus du tiers par eux-mêmes, leurs femmes, leurs enfans, leurs domestiques, ouvriers & salariés. Par conséquent ces impôts à supprimer font sortir de leur poche tous les ans, & jour par jour, les quatre-vingt-douze millions qui *resteroient entre leurs mains*, après l'abolition.

C'est le premier article oublié dans les fameux calculs sur les finances, & cette omission est très-singulière.

De plus, on avoit oublié, *parfaitement oublié* tout ce que les droits font *payer*, & qui pis est, tout ce qu'ils font *perdre* à la nation.

Premièrement, la contrebande absorbe tous les ans plus de dix-huit millions; on convient qu'elle est immense, & qu'elle *survend* beaucoup.

La ferme & la régie supprimées, il n'y auroit plus de contrebandiers. Les dix-huit millions *resteroient* à la *nation*. N'en comptons que le tiers pour tous les propriétaires fonciers.

Mais les contraintes, les saisies, les amendes, les confiscations, & qui plus est, les exactions clandestines, les pillages & rançonnemens des *quarante mille commis*, dont ils ont enfin constaté l'existence (1), sont des objets qui n'entrent ni dans le trésor royal, ni même dans ceux des fermiers & régisseurs, & qu'on peut évaluer très-modérément à la même somme de dix-huit millions.

Le systême du jour qui ne consiste qu'en simples modifications, les laisse subsister; un bon plan de transformation les anéantiroit; encore un tiers d'épargné pour les propriétaires fonciers.

Mais tout *ce qui se perd*, vous le comptez donc pour rien? Quarante mille contrebandiers & quarante mille commis ne font rien toute l'année que s'épier & se combattre. Quatre-vingt mille journées *perdues*: ajoutez-y celles que *perdent* les citoyens, ou toutes entières ou par portions, pour aller souvent très-loin, sur-tout dans les campagnes, chercher le grenier à sel & les autres bureaux, attendre leur tour ou la commodité des commis, c'est environ trente millions de *journées perdues* par an pour la nation, à dix sols de profit l'une portant l'autre, & c'est bien peu, *quinze millions*, dont cinq pour les propriétaires.

Et *le sel* que produisoient les marais, parce qu'on le vendoit, qu'ils ne produisent plus parce qu'il ne se consomme pas; mais qu'on y récolteroit, parce que le débit en seroit assuré; comment se fait-il que vous n'en teniez aucun compte?

Il est prouvé que la consommation se monte à dix-huit livres pesant par chaque personne de tout

(1) Tome 1, page 193 & suivantes.

âge & de tout ſexe dans les pays qu'on appellé *rédimés*, qui ſont néanmoins ſoumis à une taxe, à des formalités & à des gênes, au lieu que dans les pays de *grandes gabelles*, chaque tête n'en conſomme que *neuf livres*; le débit en eſt donc reſtreint.

Dans les pays où le ſel eſt à bon marché, le peuple, outre la conſommation qu'il en fait à préſent lui-même, & qui ſeroit doublée, en uſe de trois autres manières; premièrement, il ſale beaucoup plus de viandes, poiſſons, beurres, fromages, légumes dans l'été pour l'hiver; ſecondement, il en donne, & même beaucoup, à ſon bétail; ce qui le préſerve des maladies & le rend plus productif; troiſiémement, il emploie le ſel, même en engrais avec ſon fumier qu'il bonifie très-ſingulièrement.

On peut donc eſtimer à plus de *douze millions* au moins la production de ſel qui ſe *perd* tous les ans depuis que l'exceſſive cherté de la gabelle en *a reſtreint la conſommation*; encore *quatre millions* pour les propriétaires fonciers. Obſervez qu'on en *détruit exprès* tous les ans une énorme quantité qui provient des ſalpêtres & des étangs ſalés de Languedoc & de Provence.

Mais les *objets* que produiroit cette conſommation, les laitages, les légumes, conſervés par la ſalaiſon, & *qui ſe perdent*, les produits des beſtiaux & ceux des terres vaudroient pour le moins autant, car on n'y emploie du ſel que pour profiter; par conſéquent autres *douze millions*, dont quatre encore pour les propriétaires.

Mais le tabac qui naîtroit en France, on l'eſtime

dans des états publiés avec connoissance de cause, à-peu-près à *douze millions.*

Récapitulons, s'il se peut.

Journées perdues, quinze millions; *sel perdu*, faute de consommation, depuis l'excessif renchérissement, douze millions; *denrées perdues*, faute de pouvoir employer du sel, douze millions; *tabac perdu*, par la défense d'en cultiver, douze millions; *total* très-effectif, *cinquante-un millions* perdus.

Ces impôts sur les consommations produisent au Roi Louis XVI, tous les ans environ deux cens & quelques millions, *frais* déduits; ils coûtent à la nation; 1°. deux cent trente-sept millions & demi, levés par la ferme & la régie; 2°. trente-six que reçoivent les quatre-vingt mille suppôts du fisc de la contrebande & des contraintes; 3°. cinquante-un millions qui se perdent; *total général*, *trois cens vingt-quatre millions & demi*, *dépensés ou perdus tous les ans.*

NUMERO IV.

Autre Observation très-intéressante pour les mêmes.

LA doctrine de fiscalité moderne consiste précisément *à modérer en France le prix des subsistances & des matières qui servent aux ouvrages durables.*

L'effet de cette *modération* est (disent-ils) *de diminuer le prix de la main d'œuvre, & par conséquent celui de l'industrie la plus recherchée.*

Cette diminution *assure le débit que les marchands font avec grand profit aux étrangers des objets les plus dispendieux.*

On assuroit, en 1775, que la réformation feroit augmenter les prix ordinaires des grains d'une pistole par septier; c'étoit une exagération. Calculons *cette augmentation* sur le pied de quarante sols.

Soixante millions de septiers qui sont absolument nécessaires au *pain quotidien* des habitans du royaume, donneroient seuls un accroissement *de cent vingt millions* à la valeur des grains *consommés annuellement par les hommes.*

Les autres productions éprouveroient un grand accroissement de valeur : les vins, les huiles, les cuirs, les chanvres, les lins, &c. &c. &c. se vendroient mieux dans l'état d'aisance & de pleine franchise.

Ne comptez pour tous ces objets quelconques annuellement produits, que *cent cinquante millions* dont s'accroîtroit chaque année le prix de vos récoltes.

De ces cent cinquante millions, mettez un tiers pour les *cultivateurs*, un tiers pour les *propriétaires* fonciers, un tiers *pour le Roi*; vous convenez que les modernes systêmes *les obligent à les sacrifier.*

Nous sommes *au but*; reprenons, & faisons à chacun *son compte particulier*: vous jugerez vous-même, combien vous étiez loin de la vérité.

En premier lieu. Le Roi qui reçoit environ deux cens & quelque millions de la ferme & de la régie, recevroit après leur suppression deux cens vingt millions du clergé, de tous les parts prenans de la dépense publique, rentiers, gagistes & pensionnaires, des pays d'états, & des *propriétaires fonciers*; il auroit en *outre cinquante millions* d'espérance très-prochaine sur l'accroissement du prix des récoltes.

En second lieu. Les *propriétaires fonciers* assujettis aux vingtièmes, dépensent actuellement, 1°. plus de quatre-vingt-douze millions que lèvent directement sur eux la ferme & la régie générales; 2°. plus de six millions des dix-huit que coûte la contrebande; 3°. plus de six des dix-huit autres que coûtent les contraintes, saisies, amendes, confiscations, pillages, vexations & rançonnement des commis: total des paiemens effectifs cent quatre millions.

Ils ne payeroient que quatre vingtièmes valant

quatre-vingt-douze millions ; premier bénéfice incontestable, *douze millions*.

Mais ces mêmes propriétaires fonciers *perdent* très manifestement tous les ans, 1°. le tiers de quinze millions que vaudroient le profit de trente millions de journées perdues par quatre-vingt mille commis & contrebandiers. 2°. Le tiers des vingt-quatre millions que procureroit le bas prix & le bon emploi du sel. 3°. Le tiers des douze millions de tabacs qui seroient produits ; total des *pertes* pour les propriétaires fonciers en particulier, *dix-sept millions qu'ils ne perdroient plus* ; lesquels étant joints aux douze millions qu'ils *ne paieroient plus*, forment *un profit réel*, *annuel*, *de vingt-neuf millions*, *gagnés par-dessus le remplacement qu'ils* fourniroient au Roi.

En troisième lieu. *Les cultivateurs* paient au moins, dans l'état actuel, le cinquième de la somme que levent la ferme & la régie, ce qui fait plus de *quarante-six millions*, tous les ans, pour cette classe précieuse de citoyens utiles.

Nous avons compté ci-dessus vingt millions seulement, à répartir sur les tailles & capitations au marc la livre. Mais il est visible que les manufacturiers, les marchands, les voituriers, les artistes, les artisans, les suppôts de justice, les hommes de service en paieroient à peu près la moitié, c'est-à-dire, au moins huit millions. Il n'en retomberoit donc tout au plus que douze sur la *classe agricole* ; elle auroit donc sur le champ *de premier bénéfice annuel*, *incontestable*, *sur la perception seule* ; *trente-quatre millions*.

Il faut ajouter, premiérement, son tiers de trente-six millions que coûtent la contrebande, les exactions & faux frais des suppôts de la fiscalité ; c'est encore douze millions ; plus son tiers de cinquante-un millions *perdus* tous *les ans* en journées, tabac, sel & autres denrées, dix-sept millions, somme *du bénéfice actuel, incontestable & infaillible, dès le premier moment, soixante & trois millions tous les ans.*

OBSERVATIONS

dignes de l'attention de tout honnête citoyen.

Supposez que toutes ces données sur les sommes que la nation paye sans profit, pour le Roi ni pour les fermiers ou régisseurs ; & sur les *revenus qu'elle perd* tous les ans, sont *exagérées* & qu'on les porte jusqu'au *double* de leur valeur. Hé bien, il n'en résulteroit pas moins un *immense bénéfice annuel. Car enfin il y auroit* toujours *à partager entre le Roi & la nation*, 1°. plus de trente millions de *frais avoués*. 2°. tout ce qui *se paie* au-delà, 3°. tout ce qui perd. 4°. tout ce qu'on retranche du prix des récoltes.

D'ailleurs, quelle incroyable activité ne procureroient pas en France, aux manufactures, au commerce & aux arts, la liberté, l'immunité, la prospérité générale ? Combien n'attireroient-elles pas dans le royaume de personnes & des richesses étrangères, pour peu qu'on n'y mit plus d'obstacles ?

Le Roi, la noblesse, la bourgeoisie propriétaires des terres & toute la nation agricole, devenus tous ensemble infiniment *plus riches*, feroient *plus travailler* & seroient *obligés de payer mieux* ; car ils auroient de quoi mettre à l'enchère les ouvrages & les services.

Les *manufacturiers*, les *marchands*, les *rentiers* mêmes, bien loin de payer *plus* qu'aujourd'hui, bénéficieroient au contraire pour leur portion, 1°. des *trente-six millions surpayés*; 2°. des *cinquante-un millions perdus tous les ans*.

Quant aux rentiers & gagistes, qui ne payeroient plus cette foule d'impôts sur toutes leurs consommations, qu'ils songent aux prédictions funestes qu'ils entendent faire tous les jours; qu'ils réfléchissent que nous proposons de *payer*, comme nous avons fait de nos jours, *très-exactement* les rentes qui leur sont dues; de restituer successivement les capitaux qui sont remboursables; de les délivrer des gabelles, des aides, des impôts sur la viande, sur le cuir, sur les étoffes, &c. &c. &c. & qu'ils jugent.

CONCLUSION.

L'impossibilité prétendue, est une chimère fondée sur de fausses suppositions, sur des énormes erreurs de calcul, sur des omissions d'emploi, qui sautent aux yeux.

Vainement essayéroient-ils de prouver que les contrebandes, les exactions privées des commis, & les frais de justice *coûtent moins*. Le fait est qu'ils *coûtent beaucoup*, sans profit pour le Roi. En vain contesteroient-ils la valeur de ce qui *se perd*. Le fait est qu'il *se perd* énormement. Notables! Nobles! François! François! ce que vous payez sans que le Roi le reçoive; ce que vous perdez tous les ans : voilà ce que nous avons eu le bonheur *d'épargner* à nos sujets.

NUMÉRO IV.

Du crédit & des emprunts.

C'EST ici que triomphe la doctrine moderne. On s'applaudit d'avoir eu beaucoup de crédit, d'en *avoir bien usé* (1). On expose en professeur tous les *moyens d'emprunter* (2), famosité du ministre; projets d'économie dans les dépenses de la famille royale; dans les bienfaits & récompenses; réforme de quelques impôts, pour *accélérer la circulation*; combinaisons des remboursemens, qui se payent d'une main avec de nouveaux emprunts qui se font de l'autre; telles sont les grandes & sublimes inventions qu'on étale avec complaisance, pour apprendre aux futurs administrateurs le grand art *de faire des dettes*.

Cette science merveilleuse nous étoit inconnue. Relisez les comptes du trésor sous Louis XII, *le père du peuple* : MUTA FACTA REGI, *emprunts du roi*, & pour tout détail, ce mot à jamais mémorable, NIHIL : *Rien?*

Relisez les économies royales de Sully, cet ouvrage original, qu'une cabale avoit voulu faire disparoître, en substituant de *prétendus mémoires de Sully*, composés par un petit littérateur ignorant : dans ce monument précieux se trouvent beaucoup

(1) Voyez l'introduction, page centième & suiv.
(2) Tome III, chapitre XXI.

d'états des *anciennes dettes payées*, pas un *de nouveaux emprunts*.

François premier, lui-même, d'abord frivole, dissipateur, enivré de l'amour des plaisirs, des beaux arts, de la guerre & des conquêtes, finit par payer ses créanciers, & se faire des épargnes.

Charles V, *dit le Sage*, avoit donné l'exemple de cette conduite, même dans les temps les plus orageux, lorsque la France entière étoit dévorée par les Anglois, dont le roi Jean, son père, avoit été prisonnier, l'inventaire fait après son décès existe encore. Il ne laissoit *aucune dette*; mais une masse considérable d'effets de très-grand prix, & beaucoup *d'argent comptant*.

Arrêtons-nous un moment à faire une réflexion bien simple sur ces époques satisfaisantes de notre histoire; si le monarque, plein de justice & de bonté pour son peuple, que la providence vous a donné, trouvoit son royaume dans l'état où nous sûmes le laisser, quelle satisfaction ne pourroit-il pas goûter?

Suivant les mémoires sur les finances actuelles, les intérêts de la dette nationale, & les foibles remboursemens de capitaux, forment tous les ans, à peu près un objet de *deux cents soixante millions*, qui sont payés par la nation; mais qui ne contribuent pas d'une obole à la vraie dépense courante & annuelle. Le roi, Louis XVI, pourroit donc, *sans les dettes* anciennement contractées, *lever cent trente millions de moins* tous les ans sur son peuple, & néanmoins *dépenser cent trente millions de plus* tous les ans. Quel tableau?

Vous parlez de prospérité publique, de force

prépondérante, de richesses d'un grand empire? Si les emprunteurs n'avoient pas eu *le malheureux crédit* de trouver plus de trois milliards; s'ils n'avoient pas fait, au moyen de *ces aliénations*, les guerres soutenues en Europe depuis un demi siècle, quel si grand malheur auroit donc éprouvé l'humanité?.... Quelles acquisitions réelles a-t-elle donc faites dans ces époques, pour tant d'immenses capitaux dissipés depuis cinquante ans? Qu'a-t-elle donc gagné qui puisse dédommager l'héritier d'une si belle couronne, des cent trente millions qu'il pourroit *remettre* tous les ans à son peuple; des cent trente millions qu'il pourroit *dépenser* utilement pour lui-même, au lieu d'en consacrer deux cents soixante à payer *les dettes* des autres.

Vous dites, que les revenus annuels ne peuvent pas suffire à la guerre, & vous vous imaginez *justifier* la pratique des emprunts. Mais quelle est la cause de cette impuissance? N'est-ce pas évidemment *votre cher crédit*.

Cent trente millions annuels que le Roi pourroit *employer* de plus, ne lui procureroient-ils pas aisément, en cas de besoin, une force militaire, capable de soutenir la guerre défensive? Et s'il falloit y ajouter des secours extraordinaires, la nation heureusement *soulagée* de cent trente autres millions & prodigieusement *enrichie* par cette modération, ne seroit-elle pas en état de les fournir infiniment plus abondans, avec autant de zèle que de facilité?

Le bon peuple François est incapable de juger avec trop de rigueur ses anciens Rois, dont il respecte les cendres. Il excuse avec grand soin ceux qui furent entraînés par les circonstances, aveuglés par des flatteurs, & mal servis par leurs ministres;

mais il *bénit* journellement les autres, & nous en ſommes la preuve.

Intimement perſuadé que ſes monarques ſont *les pères de l'état*, que l'autorité ſuprême eſt leur *patrimoine*, il croit qu'ils doivent l'adminiſtrer comme un honnête chef de famille régit ſon héritage. Dans le monde, on juge prudent & ſage l'homme qui ſe fait un honneur & un devoir de conſerver à ſes enfans le bien de leurs ayeux, dans le même état au moins où ſon prédéceſſeur le lui tranſmit. On eſtime infiniment celui qui, le trouvant grevé de dettes, & mal en ordre, ſait le liquider & l'améliorer. Mais on n'a pas les mêmes ſentimens pour le poſſeſſeur qui le dégrade & l'accable d'hypothèques.

Pourquoi diſſimuler cette vérité ſi frappante au roi le plus digne de l'entendre, qui fut jamais placé ſur le trône de France ? Pourquoi lui repréſenter le crédit & les emprunts ſous les dehors les plus agréables, comme une *vraie ſource de puiſſance !* Pourquoi ſe vanter, à la face de tout ſon peuple & de tout l'univers, *d'avoir beaucoup emprunté*, comme s'il n'en réſultoit pas qu'il faut payer beaucoup d'intérêts & de capitaux, lever par conſéquent de manière ou d'autre, beaucoup de deniers, dont la moitié pourroit former l'augmentation de la bonne & vraie dépenſe du Roi, l'autre pourroit demeurer entre les mains de ſes ſujets pour améliorer leurs propriétés foncières, leurs cultures, leur commerce & leur induſtrie ?

La doctrine *du crédit* étalée ſi pompeuſement comme le régime ordinaire d'un empire agricole, eſt donc une des plus dangereuſes illuſions qu'on puiſſe offrir aux Souverains qui regardent leurs ſujets comme leurs enfans, & qui régiſſent leur état comme un vrai *patrimoine.*

Veut-on ſe convaincre, par un exemple bien ſenſible, de l'effet qu'opère un pareil ſyſtême? le voici, d'après les mémoires mêmes, c'eſt l'adminiſtration des affaires du clergé de France, qu'un auteur moderne expoſe très-clairement ſans lui donner le plus petit blâme, au contraire en faiſant ſon éloge, & certes il a ſes raiſons, car c'eſt préciſément le modèle qu'il conſeille d'imiter à perpétuité.

A l'entendre, cette adminiſtration eſt excellente, car elle ne coûte que quatre & demi pour cent de régie, comme il l'aſſure.

Deux vérités cependant ſe préſentent dans le même chapitre neuvième ; la première, que le *roi* ne *reçoit* pas tous les ans plus *de trois millions & demi* des taxes impoſées au clergé: La ſeconde, que les eccléſiaſtiques ſoumis à ces taxes *payent* tous les ans *plus de dix millions.*

Le même fait étoit articulé dans ſon fameux compte rendu de 1761.

Comment peut-il arriver que les eccléſiaſtiques payent plus de dix pour cent pour ne fournir que trois & demi au roi? C'eſt que le corps a ſu mieux encore que les docteurs modernes ſe procurer un *très-grand crédit.*

Si le Clergé, au lieu d'*emprunter,* avoit *impoſé* ſucceſſivement juſqu'à *ſix millions* payables tous les ans au tréſor public, il y auroit quatre millions & demi de profit pour les gens d'égliſe; deux & plus pour le Roi.

N'eſt-il pas étrange qu'un ancien adminiſtrateur

teur des finances du royaume, traitant cette matière *ex professo*, dans un grand ouvrage, ne fasse pas cette réflexion si naturelle?

Observons néanmoins que le clergé de France ne paye jamais que cinq pour cent d'intérêt tout au plus, & qu'une grande partie de ses contrats sont à quatre; car il possède éminemment cette belle science des *detteurs & emprunteurs*, sans se douter que ce soit un art si sublime, & sans faire aucun usage, ni de ces rafinemens qu'on étale avec tant de complaisance, ni de ces *banquiers* qu'on voudroit présenter aux souverains comme les agens nécessaires d'un *crédit si vanté*, qui cependant fut toujours très-inférieur à celui du clergé dont ils ne se mêlent pas.

Que seroit-ce donc, s'il avoit adopté le système ruineux des rentes viagères à dix pour cent, & sur-tout de celle qu'ont imaginées les banquiers génevois, réparties sur trente têtes de jeunes filles bien choisies?

Quel est déjà l'effet de ce beau système, *de préférer les emprunts?* Il en résulte actuellement que le peuple françois paye deux cents sept millions tous les ans, même en temps de paix, pour les intérêts de la *dette nationale*.

Suivant le compte rendu de 1781, les *dépenses extraordinaires* de la guerre sont d'environ cent cinquante millions dilapidés pendant les années d'hostilités au-delà des *revenus ordinaires*.

Le beau *système de crédit & d'emprunt* se réduit donc évidemment & uniquement à cette proposition faite au peuple françois avec beaucoup d'appareil & d'éloquence. « Nous ne vous propo-

» serons pas de *payer par extraordinaire cent* « *cinquante millions*, pendant la guerre qui dure » communément douze ou treize ans sur quarante. » Dieu nous en préserve, ce seroit une *charge hor-* » *rible, mais le crédit a de précieuses ressources :* » *nous emprunterons*, & au moyen de *nos dettes*, » vous ne payerez plus à l'avenir pour les frais » des guerres passées, que *deux cents sept millions* « *d'intérêt* tous les ans, *en temps de paix*, & *même* « *en temps de nouvelles guerres futures.* »

Payer *toujours* deux cents sept pour s'exempter de payer *quelquefois* cent cinquante; quelle économie !

N'oubliez pas que la durée des *rentes viageres à la Génevoise* étant de quarante ans, & les nouvelles guerres succédant à peu près tous les dix ans aux anciennes, suivant *la politique moderne, fondée sur le crédit* & sur l'art des emprunts, il se trouve que les arrérages à payer pour les dettes de la derniere & de la pénultième concourent avec les emprunts actuels de la suivante, d'où résulte que la charge annuelle va toujours d'augmentations en augmentations infaillibles & considérables.

Ce qui passe toute mesure, c'est cette assertion très-clairement énoncée dans un grand ouvrage récent sur les finances, que la nation françoise payant six cents dix millions tous les ans, & le Roi n'ayant à dépenser réellement pour lui tous les ans, qu'environ trois cents cinquante millions; il n'en résulte pas moins que *cet état est fort bon.*

Comment faudroit-il qu'il fût pour vous paroître mauvais ! Un particulier dont la terre vaut trente mille livres de rentes l'a donc bien administrée, quand il ne l'a chargée que de quinze mille livres & plus d'intérêts à payer ?

« Mais un royaume n'est pas un héritage foncier, vont répliquer les grands Docteurs ».

Quoi ! des terres seigneuriales jointes à des terres seigneuriales; des fermes avec des fermes; des métairies avec des métairies; des champs, des prés, des bois, des vignes, des carrières, des mines; avec des champs, des prés, des bois, des vignes, des carrières & des mines : des maisons avec des maisons; n'est-ce pas ce qui compose la France & le *patrimoine du Roi.* Car enfin, le Souverain est en *communauté d'intérêts,* avec tous les propriétaires fonciers, avec sa noblesse, son clergé, sa bonne bourgeoisie, & c'est notre premier principe & celui de la monarchie.

« Mais il ne s'agit pas seulement d'économie » particulière, il est question de *politique* ».

Eh bien, de *politique* ! Quel est le premier intérêt de l'état ? Le bien commun du Souverain, des propriétaires, des cultivateurs, & même des manufacturiers, des marchands & des salariés. C'est d'augmenter les récoltes annuelles en perfectionnant les *grandes avances* & les *travaux agricoles*, par conséquent d'attirer à la terre de l'argent, des hommes & de l'industrie.

Mais le *crédit* & les *emprunts* opèrent précisément le contraire; sur-tout les constitutions de rentes *viagères* si multipliées dans les derniers temps.

On convient que les terres cultivées rapportent tout au plus trois pour cent, qu'au contraire les créanciers de l'état perçoivent cinq, six, sept & même huit pour cent, les négociateurs des effets royaux & les possesseurs des viagers Génevois jusqu'à dix & douze pour cent, & les agioteurs modernes infiniment plus. Comment est-il possible qu'on donne la préference aux *améliorations rurales ?*

Les grandes leçons se réduisent à ce point capital, « qu'il ne faut laisser entre les mains des » particuliers que la portion d'argent la plus » strictement nécessaire au paiement de leurs im- » pôts & aux achats journaliers : qu'il faut *accélérer* » par une foule de moyens très-bien développés » dans ce grand ouvrage, *la circulation* qui fait » *convertir tous les capitaux en effets publics* ou » contrats sur le trésor de la souveraineté ».

Tout ce qui n'est pas prêté, s'appelle par vos docteurs, un fonds mort; aussi l'un des plus précieux avantages qu'on se promettoit en 1778 des *administrations provinciales* étoit d'en faire autant *de corps emprunteurs*, & le grand profit qu'on espéroit des *dettes* à contracter sous leur nom, étoit précisément celui *d'attirer aux effets royaux* de petites sommes de vingt où trente pistoles que les bourgeois, propriétaires ou les fermiers ont la sagesse très-utile de garder, pour subvenir aux accidens terribles qui les menacent sans cesse, & procurer de temps en temps quelques petites *améliorations* à leurs héritages. On se proposoit d'en faire des *effets au porteur*, produisans quatre pour cent d'un capital qui auroit été *emprunté*, dont les intérêts se seroient payés, pour la commodité des pauvres campagnards, dans la capitale de leur province, & qui auroient été *négociables* dans les maisons de *banque* de ces grandes villes, au même taux que les papiers de cette espèce, c'est-à-dire à dix-huit ou vingt pour cent *de perte &* souvent plus.

Et quelle utilité comptiez-vous faire trouver à la nation dans ce systême, si ce n'est *de détourner absolument l'argent de la terre! de transformer tous les possesseurs & tous les fermiers en rentiers!*

Mais enfin, diront les grands partisans *des systêmes du jour*, il est quelquefois nécessaire, & même utile que le gouvernement fasse des efforts extraordinaires. Voulez-vous qu'on impose tout-à-coup jusqu'à cent cinquante millions au-dessus des revenus courans?

Non, si vous ne devez pas prendre un parti qui oblige vos successeurs à imposer *bientôt* plus de deux cents millions, au lieu de cent cinquante, & à les imposer, même pendant la paix, au lieu que les cent cinquante auroient duré seulement pendant la guerre.

A quoi donc se réduisent les vérités simples, mais frappantes, qu'on vient d'exposer? A ce seul mot, qui renverse tous les grands ouvrages modernes: *point de crédit;* car il est la ruine d'un empire agricole.

Payez les *dettes* & n'en faites plus, c'est le moyen de vous faire adorer de vos enfans, de vos sujets & de toute la postérité. Ce fut notre secret pour gagner les *bénédictions* qu'on donne encore à notre mémoire.

Fin de la Première Partie.

CHARLES V,
LOUIS XII
ET HENRI IV,
AUX FRANÇOIS.

SECONDE PARTIE.

Fuit hæc sapientia quondam.
HORACE.

A PARIS,

CHEZ LES MARCHANDS DE NOUVEAUTÉS.

1787.

CAHIER (S) OU PAGE (S) INTERVERTI (S) A LA COUTURE RETABLI (S) A LA PRISE DE VUE.

DE LA PAGE 1
A LA PAGE 16

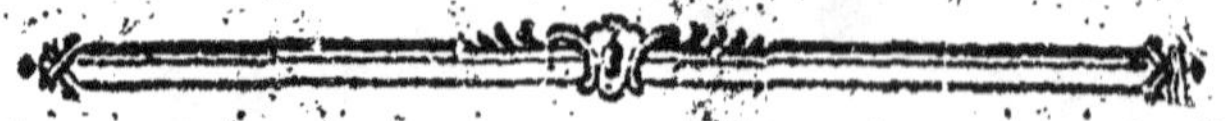

NUMÉRO V.

De la population, de la richesse & de la force des Empires agricoles.

LE grand objet de la politique moderne s'appelle très-pompeusement la *puissance* ou la *force* d'un *état*. Elle consiste, disent-ils, en deux points capitaux, la *population & la richesse*.

« N'est-ce pas une *vérité manifeste?* vont s'écrier » les admirateurs ». *Non*, ce n'est qu'une *équivoque*.

Ces grands mots de *force* & de *puissance* servent journellement à la fausse politique de ces derniers siècles de prétexte pour couvrir de ruines la terre inondée du sang & des larmes de ses malheureux habitans.

Il est question principalement de maintenir au moins *la balance des pouvoirs*, & s'il se peut *de la faire pencher en votre faveur*.

Mais il est deux manières d'opérer ce grand œuvre. L'une d'employer beaucoup d'astuce, d'argent & d'hommes à *contrarier les autres*; à les *empêcher*, à quelque prix que ce soit, d'accroître chez eux la *population & la richesse*: & quand on peut, *à les ruiner* par toutes sortes de moyens.

Il est certain qu'en s'épuisant réciproquement d'hommes & d'argent, les Souverains restent à peu près au même état, & qu'ils obtiennent une solution de ce fameux problême politique, *maintenir la balance des pouvoirs*.

Ainsi trois propriétaires voisins qui seroient

absolument pareils en fortune, & qui ne voudroient pas changer cette parité, maintiendroient l'égalité qui règne entre eux, en brûlant chacun deux ou trois fermes, chacun deux ou trois cents arpens de bois, en arrachant de part & d'autre une égale quantité de vignes.

Mais il n'est pas moins évident qu'ils conserveroient aussi la même parité de fortune, en bâtissant, défrichant, plantant, améliorant, chacun de leur côté, des *domaines cultivables*, d'une valeur toute semblable.

Si deux des trois, pour continuer la ressemblance, embrassoient le parti des *destructions égales*, tandis que le troisième suivroit la méthode plus sûre & plus utile *des améliorations;* son sort deviendroit doublement supérieur.

Comment se fait-il que les grands génies des derniers temps *oublient* sans cesse une vérité si palpable? Tout de même qu'ils ont avancé qu'on ne peut procurer aucun bénéfice à l'une des classes de la société *qu'aux dépens des autres*. Ils ont aussi posé pour maxime *qu'un état, un Souverain ne peut gagner qu'au détriment des autres empires.* En conséquence, ils ne se sont occupés que des *moyens d'empêcher le profit des puissances voisines* qu'on a regardées comme *ennemies*, sous le nom plus adouci de *rivales?*

Que de maux, cette fausse & barbare *politique de destruction* n'a-t-elle pas accumulés sur l'espèce humaine! Elle est pourtant bien plus simple, bien plus facile, bien plus satisfaisante, *la politique d'amélioration.*

« Ne voyez-vous pas (disent les profonds spé-

culateurs) « que telle ou telle nation travaille effi-
» cacement à l'augmentation de sa force & de ses
» richesses. Bientôt, si vous n'y mettez obstacle,
» elle pourroit acquérir une prépondérance dan-
» gereuse. Elle ruineroit votre commerce, contra-
» rieroit votre industrie. Qui sait ? peut-être même
» pourroit-elle envahir votre territoire. En pareil
» cas, il faut prévoir le mal du plus loin possible,
» & courir vîte au remède ».

Et Dieu sait quel remède! La guerre avec toutes les dépenses & les horreurs qu'elle entraîne. La guerre que le systême *du crédit* & *des emprunts* rend trois ou quatre fois plus chère qu'elle ne seroit, si les Souverains n'avoient pas cette funeste ressource.

Mais le quart, mais souvent la dixième partie des sommes immenses que les hostilités font dépenser en pure perte, habilement employé dans votre propre empire, vous procureroit à vous-même sans risques, sans dangers, sans effusion de sang, le double, le triple, le décuple des avantages souvent très-minces & très-douteux dont vous enviez la jouissance aux autres, & qu'ils conserveront peut-être malgré vous, après des efforts qui n'auront entraîné que la honte & la ruine.

« *Ils s'enrichissent*, *ils se fortifient*, dites-vous?
» Eh bien ! tant mieux, Dieu *bénisse* leurs entre-
» prises, si leur but & leurs moyens sont honnêtes;
» qu'il les *juge* s'ils violent la justice & nuisent à
» l'humanité : qu'avons-nous à faire pour nous
» mettre *au pair*? C'est de nous *enrichir*, de nous
» *fortifier* encore mieux d'une manière qui ne dé-
» pend que de nous, & dont le succès n'est jamais
» problématique.

Car enfin, ſuppoſez à la *politique de deſtruction* le ſuccès le plus complet qu'elle puiſſe eſpérer. *Une conquête*, c'eſt un grand mot qui déſigne une belle choſe; mais que trouveroit-on d'utile dans *une province nouvelle?* Des terres bâties & cultivées, des hommes & des richeſſes. Eh bien! l'empire le mieux conſtitué de votre Europe moderne, ayant plus d'un tiers de ſon propre ſol qui n'eſt pas en valeur; & les deux autres tiers dans un tel état de dégradation qu'on pourroit les rendre trois fois plus productifs: *combien de conquêtes à faire très-paiſiblement chez ſoi-même* à beaucoup moins de frais, ſans périls & ſans dévaſtation, & ſur-tout, ſans que nulle puiſſance humaine puiſſe l'empêcher?

C'eſt ainſi qu'on trouve des propriétaires avides & jaloux dont les terres ſont en friche pour les trois quarts, & qui s'écrient d'un air chagrin: « Si j'avois » de l'argent j'acheterois le bien-fonds de mon voi- » ſin ». La ſageſſe leur répond: « Vous feriez bien » mieux d'acheter le vôtre qui eſt à vendre pour » la majeure partie; car une terre qui n'eſt, ni » bâtie, ni plantée, ni cultivée, ni même culti- » vable, n'ayant pas été défrichée, *attend encore* » *l'acquéreur* ».

C'eſt ainſi que *balance* pour *balance*, *la politique d'amélioration* eſt bien plus sûre dans ſes principes, & bien plus conſolante pour l'humanité dans ſes conſéquences que *la politique de deſtruction.* Par la premiere, les Souverains gagnent les cœurs; ils ſe concilient les bénédictions de leur peuple & des autres nations de leur ſiècle & de la poſtérité.

Mais à quoi tient la *puiſſance* que l'art bienfaisant des *administrations paternelles* peut & doit procurer aux empires agricoles ? Vos habiles gens de la ville ont répondu : *c'est à la richesse & à la population.*

Croyant s'instruire de mieux en mieux, & pour endoctriner le vulgaire, ils emploient des subalternes à extraire les registres de baptêmes & d'enterremens pour évaluer la population ; à ramasser des états d'importations & d'exportations, pour connoître l'argent que la balance du commerce fait entrer & sortir dans le royaume ; à compulser des comptes de receveurs d'impôts, pour savoir combien *paie* chaque province aux caisses fiscales : on fait des *additions*, des *résumés*, des *comparaisons ;* & c'est là *de la doctrine* dont le public doit s'extasier !

Mais tous ces grands parallèles de la population avec les impôts, toutes ces recherches sublimes sur l'argent qui doit entrer & qui peut sortir, le bon cardinal d'Amboise & le sage duc de Sully ne s'en occupèrent jamais ; elles ne forment en effet que des notions vagues, fautives, & sur-tout *absolument inutiles.*

Pour parler juste & poser des principes vraiment utiles, il faut dire : « La puissance d'un état consiste, » *premiérement*, dans *une grande richesse disponible annuellement renaissante sur son territoire,* » qui est *la cause.* Secondement, dans une *grande* » *population disponible*, qui est *l'effet* ». Tout le reste n'est *qu'illusions.*

En effet, vous avez trouvé dans les résultats d'une foule de papiers qu'ont barbouillés des sous-commis, que telle généralité contient précisément tant de créatures humaines, qu'elle paie tant de taxes, ce qui fait tant par tête. Eh bien? *il n'en résulte rien du tout*, absolument rien qui puisse guider *l'administration* des finances.

Il en seroit de même des recherches que vous proposeriez de faire sur la culture de vos terres. Vous demanderiez « *la proportion commune de la* » *semence avec le produit des terres & la quantité* » *d'arpens cultivés* ».

On vous répondroit : « La semence rend quatre, » cinq ou six pour un. Le nombre des arpens cul- » tivés est de trois cents mille ». Que feriez-vous de ces notions? *Rien*. Et voici pourquoi.

Premiérement, la *vraie richesse*, qui fait la *force* d'un grand empire *agricole*, ne dépend précisément ni du nombre d'arpens cultivés, ni de la quotité du produit que rend la semence. Ce ne sont là des élémens que pour les gens de la ville qui n'ont aucune idée du *grand art* des propriétaires & des cultivateurs.

Pour être une *source réelle* de puissance, il faut que la *richesse* soit *perpétuellement renaissante*, & sur-tout qu'elle soit *disponible*. Ce dernier mot exprime une très-importante vérité toujours oubliée.

Très-souvent vingt arpens de terre qui produisent chacun environ *dix* setiers de récolte, & qui n'en reçoivent qu'un seul de semence, ne procurent pas néanmoins la même *richesse disponible*, ni pour le fermier, ni pour le maître, ni pour le Roi. Il est possible, & même commun, que la *différence soit énorme*. Elle dépend des *frais de culture* & des *dépenses foncières*.

S'il faut que le fermier *avance* la valeur de *six* setiers, il n'en reste que *quatre* à partager entre lui-même, les bourgeois & le ſouverain. S'il n'en employoit que trois *en frais*, il en reſteroit ſept. Si ſa culture en abſorboit *huit*, il n'y en auroit que *deux*. Comment ſe fait-il qu'on oublie cette première obſervation, ſi ſimple, ſi évidente & ſi fondamentale ?

Mais encore la valeur entière des ſetiers de bled qui reſte au cultivateur *après ſes frais prélevés*, n'eſt pas *diſponible à volonté pour le propriétaire foncier*, qui doit pourvoir aux entretiens & réparations de ſon héritage : ce ſont encore des charges indiſpenſables. Il faut abſolument les prélever. En tout il eſt évident que les *frais* ne *ſont pas richeſſe*.

Les marchands de toute eſpèce jeteroient de beaux cris, ſi vous diſiez à l'un : « Suivant vos » livres, vous avez vendu pour cinq cents mille li- » vres de marchandiſes ; par conſéquent vous *êtes* » *riche* d'un demi-million. A l'autre : vous n'avez » débité que pour trois cents mille livres ; par » conſéquent votre opulence n'eſt que de cent » mille écus ».

Tous les deux s'écrieroient : « mais nos avances, » nos frais, nos faux *frais* ; vous les comptez donc » pour rien » ? Et ſouvent celui que vous croiriez le plus riche vous diroit : « J'ai vendu pour cinq cents » mille livres, mais j'avois pour quatre cents cin- » quante mille de *déburſés* ; l'autre n'a vendu que » pour trois cents mille, mais il n'en avoit avancé » que deux cents. Il a gagné cent mille francs & » moi cinquante ».

Pourquoi n'en feroit-il pas de même du labourage ? Interrogez le plus ſimple villageois, & tâchez de retenir ſa leçon ; car elle vous en apprendra plus sur *l'administration* d'un grand empire que tous les beaux livres des Docteurs célèbres.

Dites : « Je vous propose un domaine de cent » arpens en culture, on y seme tant de setiers » de grain, on en recueille à peu près tant. Com» bien donneriez-vous tous les ans par bail pour » en être le fermier, combien d'argent comptant » pour en être propriétaire à perpétuité » ?

Tous vous répondront : « *C'est selon*. Vous ne » parlez pas *des frais de culture*, vous ne dites » rien de l'état des fonds & des bâtimens. Quelles » offres voulez-vous qu'on vous fasse, ou pour un » fermage, ou pour une acquisition? Quoi ! dira » le *cultivateur*, est-ce que vous prétendez me » faire taxer tous les ans la totalité de la *récolte*, » en ne prélevant que les *semences* ? Mais la tota» lité de mes autres *avances annuelles* ? Les sub» sistances des animaux & des hommes ? L'entretien » des meubles & des instrumens de labour, les » dîmes, les taxes, les impôts, les corvées, &c. » &c. &c. où voulez-vous donc que je les prenne ! » Et *l'intérêt* de mes *premières dépenses*, le pro» duit annuel de mon atelier *d'exploitation*, qu'il » faut que j'apporte chez vous, est-ce que je ne » dois pas le retirer » ?

Par la même raison, le futur *propriétaire* vous dira : « Mais sur cette *récolte* dont vous me parlez » ici comme un franc citadin, mon fermier me » déduira tous ses *frais*, & vous ne les comptez » pas. Quand il aura fait cette déduction, je ne » pourrai pas même disposer de tout le reste. S'il » y a des charges réelles sur l'héritage dont il s'agit, » des réparations, des reconstructions à faire, j'en

» demeurerois grevé. C'est ce qu'il faut voir avant » de traiter ».

Il est bien simple ce langage de la *vieille sagesse rurale;* il est à la portée de tout le monde, & d'une justesse très-évidente : nos fameux beaux-esprits ne se doutent pas qu'il contienne *la clef de toute l'administration* d'un royaume comme la France, & cependant rien n'est plus vrai.

Laissons là tous les grands mots sonores, toutes les généralités morales & métaphysiques, tous les éloges personnels; allons au fait. Tout ce qui s'appelle *frais* du cultivateur & du propriétaire foncier ne doit point être mis en ligne de compte, quand il s'agit du Souverain, de ses intérêts & de ses droits. Qu'il entre avec le possesseur des fonds cultivables & son fermier en partage du *bénéfice net* qu'accorde la nature libérale *au-delà des avances*. Rien n'est *plus juste*; rien n'est plus *sage*.

Pourquoi *juste*? parce qu'il a *contribué* réellement par *ses avances*, par *ses travaux* à la naissance *de la récolte entière*, moyennant *la bonne instruction*, moyennant *la protection* qui garantit les propriétés particulières contre les incursions étrangères, contre les usurpations intérieures, moyennant *l'administration* qui couvre le territoire des grandes propriétés communes qui font valoir les héritages privés.

Pourquoi *sage?* parce qu'il est évidemment de *l'intérêt commun* qu'il continue, qu'il augmente, qu'il perfectionne ces travaux & ces avances, qui sont les sources fécondes de tout bien public.

Mais la totalité des *frais* du *cultivateur* & du *propriétaire*, le Souverain ne *peut*, ne *doit*, ni ne *veut* certainement *les prendre* & les *appliquer à d'autres usages*. Il feroit précisément comme l'homme de la fable qui tue la poule aux œufs d'or, & rien n'est plus évident. Il faut donc les connoître *ces frais*, pour leur porter sagement le respect qu'on doit aux *choses sacrées*.

« Combien d'arpens (1), combien de *semences*, » combien de récoltes !.... Ajoutez donc *combien* » *de frais* ! ce que vous ne dites jamais ».

Voulez-vous concevoir enfin, une fois pour toutes, combien un administrateur est aveugle quand il néglige de connoître, sur-tout *ces frais*, dont vous ne tenez jamais aucun compte ?

Je vais tâcher de vous l'inculquer par un exemple du même genre. Au nombre de ces *frais* est *la semence* dont vous parlez, & que vous comptez *seule*, quoiqu'elle ne fasse pas la sixième partie *des avances*. Au nombre de ceux qui partagent la *récolte* est le décimateur.

Que diriez-vous d'un curé qui, dans *l'impatience de jouir* & pour expédier mieux son affaire, voudroit *dimer au mois d'Octobre sur la semence*, *au lieu de dimer au mois d'Août sur la moisson ?* Docteurs ! Docteurs ! voilà votre science ! MUTATO NOMINE DE TE FABULA NARRATUR.

Le vrai *Palladium* des empires agricoles, c'est *le respect pour les frais des cultivateurs & des propriétaires fonciers*. La maxime fondamentale de toute administration des finances est *que le bénéfice net* qui reste, *après ces frais prélevés*,

---

(1) M. N***, tome 3, page 358.

est seule partageable entre les *trois premières classes de la société*, dont les *dépenses* font vivre *les trois autres.*

Ces *frais* prélevés, le reste des *récoltes* fait *un revenu disponible*, annuellement renaissant, territorial & inhérent au sol, indépendant & indestructible; c'est sur ce même bénéfice net que vivent les *hommes disponibles*, les seuls qu'on puisse faire entrer en ligne de compte, lorsqu'il s'agit de la force & de la puissance des empires; autre vérité non moins simple, non moins utile, mais aussi parfaitement méconnue.

Oui, les *hommes disponibles*; car les ouvriers absolument *nécessaires à la culture* ne sont pas *des hommes disponibles.* Les employer à toute autre chose, c'est *dîmer sur la semence.*

Quel aveuglement inconcevable peut dissimuler un principe de gouvernement dont l'évidence est si manifeste.

A semences égales, à récoltes égales, à population égale, à quantités égales d'arpens cultivés, à taxes égales de *tant par tête*, l'une portant l'autre, il peut se trouver une *très-énorme différence* entre deux pays comparés entre eux; la *disparité* dépend des *frais.*

Les hommes & l'argent des frais n'étant pas une *richesse* ni un *revenu* partageable & *disponible*, tous les catalogues si laborieusement compilés & comparés entre eux, ne sont qu'un vain étalage de connoissances très-illusoires.

Augmenter les récoltes annuelles d'une part, & *diminuer les frais* de l'autre, voilà certainement ce qui procure un *accroissement* infaillible de population, de richesse & de force aux empires.

Mais *l'argent* qui sort des mines, & que les nations se disputent, vous n'en faites donc aucun cas?... Pardonnez-moi, nous l'estimons beaucoup : c'est une excellente marchandise qui s'achète & se vend comme toutes les autres.

Nous l'estimerions beaucoup dans la main du roi, quand il seroit produit par des *revenus territoriaux solides, perpétuels*, en argent & non en nature, *qui ne coûtent point de nouveaux sacrifices à son peuple.*

Qu'une partie de ces *revenus*, si légitimement acquis, soit employée tous les ans à *la perfection* progressive & continuelle *des grandes avances, des grands travaux de la souveraineté qui vivifient tout le territoire.*

Qu'un autre serve *à payer les anciennes dettes* & à libérer enfin *le patrimoine* de la couronne. Je bénis ces emplois; mais aussi qu'une partie serve au bien-être, à la digne représentation du monarque & de son auguste famille, une autre à récompenser ses bons & fidèles serviteurs; je ne crois pas qu'il faille blâmer, comme on l'a fait tout récemment, cet emploi qui me paroît juste & naturel.

Il est conforme à l'ordre, à la raison, à la saine politique, à l'avantage des nations, que le souverain, que sa maison & sa cour, que les mandataires de son autorité suprême dans les départemens de l'instruction, de la protection militaire ou civile, & de l'administration, soient en *société très-intime d'intérêts & de profits* avec les autres classes de la société.

L'augmentation des récoltes, jointe à l'épargne des frais, *enrichissant tout le monde*, il est juste, il est expédient que *tout le monde en jouisse*. Le roi & les siens en sont, les *premières causes*, par les fonctions augustes & sublimes de *l'autorité* tutélaire & bienfaisante, *sans laquelle ne peut prospérer l'agriculture ;* il est donc équitable qu'ils en recueillent les premiers effets.

Elles sont *fausses*, *injustes & misérables*, les petites *idées de parcimonie* qu'on s'est quelquefois glorifié de vouloir inculquer aux souverains des grands empires agricoles ; il ne suffit pas de leur dire : *ne soyez point généreux*, parce que vous êtes pauvres : il faudroit ajouter ; mais *devenez riches*, vous le pouvez, même en faisant le plus grand bien de votre peuple ; alors vous pourrez, tout à votre aise, *exercer de sages*, *d'honnêtes*, *de justes libéralités*.

L'argent, nous l'estimerions beaucoup dans les mains de la noblesse & de la bourgeoisie propriétaires des terres, quand il est le produit d'un grand revenu territorial, & quand ils ont la prudence de ne le pas employer tout entier *en dépenses stériles*, qui ne leur *produisent rien*, mais au contraire d'en consacrer tous les ans une partie aux entretiens, réparations & améliorations de leurs domaines ruraux.

Quand ils emploient le reste à des jouissances agréables, proportionnées à leurs fortunes, je ne crie pas *au luxe*, comme on le fait dans les nouveaux mémoires sur les finances (1) ; car *le luxe*, si mal défini dans les éloges ou dans les diatribes,

---

(1) M. N***, tome 3, chap. 9.

également obſcures, équivoques & parfaitement inutiles, *eſt un excès de dépenſes :* or, il eſt évident, d'une part, qu'excès ſignifie *outre meſure*, & d'autre part, que pour les propriétaires fonciers, *la meſure des dépenſes* ſages & honnêtes eſt la partie de *leurs revenus* qui reſte, après qu'ils ont acquitté toutes les charges, & prélevé ce qu'il convient d'employer aux améliorations.

Un père de famille, dont l'héritage proſpère de plus en plus, n'eſt donc jamais *coupable de luxe*, quand il jouit, avec les ſiens, de la fortune dont la providence l'a gratifié. Cette vive ſortie ſur les *propriétaires*, qui les dénonce comme les *auteurs du luxe*, n'eſt donc pas moins déplacée que le précepte qu'on fait aux ſouverains de ne les jamais *gratifier*, même ſous le prétexte des dignités & des ſervices.

L'argent, nous l'eſtimerions beaucoup dans la poche des cultivateurs quand ils l'ont acquis par la bonne vente de leurs denrées, & quand ils peuvent en employer quelques portions à l'amélioration de leurs ateliers *d'exploitations rurales*, même à ſe procurer une honnête aiſance à eux & à leurs ouvriers agricoles ; car le proverbe dit avec raiſon, *pauvres fermiers, pauvres payſans, pauvre royaume.*

L'argent, nous l'eſtimerions beaucoup entre les mains des manufacturiers, des négocians, qui l'ont gagné par leurs avances, leur travail & l'induſtrie, ſans privilèges excluſif, ſans vexations, ſans tyrannies. Il ne faut pas plaindre aux hommes qui cultivent les ſciences & les arts, qui exercent les métiers, qui rendent des ſervices perſonnels aux autres, la portion qu'ils en gagnent à prix défendu ; pas même aux rentiers, celui qu'on leur paie en intérêts perpétuels & viagers pour un capital qu'ils ont prêté.

Mais les *producteurs* propiétaires des mines *vendent* l'argent, & c'est pour l'acheter qu'il faut se procurer, par des récoltes améliorées, beaucoup de denrées, qu'ils puissent recevoir en échange.

Mais que les marchands qui trafiquent au dehors du royaume *exigent* qu'on *leur vende* sans cesse *au-dessous* de leur *prix naturel* les subsistances & les matières premières, afin qu'ils se se procurent *à bon marché* des précieux objets manufacturés à grands frais, qu'ils iront *vendre cher aux étrangers.* A l'effet d'importer dans *leurs* coffres beaucoup d'*argent*, qu'ils *prêtent ensuite* à gros *intérêts*, pour soudoyer *hors du pays* de grandes armées, *qui ne produisent rien* que des frais énormes, *acquittés avec des emprunts*, puis *payés trois ou quatre fois* par les propriétaires & les cultivateurs, *dont la fortune est déjà diminuée par la réduction du prix de leurs récoltes* : c'est le système des modernes très-clairement expliqué dans l'ouvrage de 1775 & dans celui de 1785; c'est le profit des capitalistes prêteurs & des banquiers négociateurs d'emprunts; mais il n'y a rien de juste, rien de satisfaisant pour le souverain ni pour la nation; ce n'est *qu'une mise* de la part du roi, des propriétaires & des cultivateurs.

» Il s'ensuivra (dites-vous) que les négocians » se procureront à bon marché des *ouvrages re-* » *cherchés*, qu'ils iront vendre aux étrangers ». Oui. « Ils gagneront beaucoup d'argent ». D'accord. » Ils rapporteront en France ». Oui, *ou ailleurs*; car vous convenez qu'eux & leurs fonds pécuniaires ne tiennent à rien. « Ils le donneront » au gouvernement ». Non, ils le *vendront fort cher*. « Par conséquent *l'état sera fort riche* ». Non, tout au contraire : par conséquent il *sera fort pauvre* ; car il *devra beaucoup de rentes viagères*, *beaucoup d'intérêts perpétuels* pour des capitaux *dépensés inutilement*, & qui n'auront été originairement *formés qu'à ses dépens*.

Simplifiez les impôts, transformez ceux qui sont onéreux par les vices irremédiables de leur essence même, sur-tout la gabelle, les taxes sur la viande & sur les cuirs ; gagnez sagement tout ce qu'ils *font dépenser*, tout ce qu'ils *font perdre* à la nation *sans profit* pour le trésor royal.

Partagez ce bénéfice entre le souverain, les propriétaires fonciers & les cultivateurs : ils en feront part aux manufacturiers, aux négocians, aux salariés, qui vivent tous de leurs dépenses. Devenu *plus riche* sans qu'il en coûte rien à son peuple, mais au contraire en lui procurant de grands avantages, le prince n'empruntera plus, il pourra liquider des dettes de son patrimoine, améliorer les grandes avances souveraines, être libéral & bienfaisant.

Les propriétés foncières, les cultures, les récoltes s'accroîtront de mieux en mieux ; par conséquent la population, les manufactures, le commerce & les arts iront en se perfectionnant, tous prospéreront ensemble, & les uns par les autres, *non comme des lions dévorans qui s'élancent sur leurs victimes pour les égorger*, mais comme un père tendre avec des fils recconnoissans, comme des frères avec leurs frères, des amis avec leurs amis, des associés avec leurs associés. Ce fut *la doctrine économique & politique d'autrefois*.

AVIS
DES ÉDITEURS.

LE petit Ouvrage ci-joint a paru faire une ſuite naturelle aux Réflexions publiées ſous les noms chers & reſpectés de CHARLES V, de LOUIS XII & de HENRI IV. Il n'avoit point encore été publié par l'Auteur (M. l'. B******.), des dépoſitaires infidèles s'étant approprié ſon manuſcrit.

PROJET RAISONNÉ D'UN BUREAU D'ADMINISTRATION, A L'USAGE DES SOUVERAINS.

> *Segnius irritant animos demissa per aures,*
> *Quam quæ sunt oculis subjecta...* HOR.

N'EST-CE pas rendre un service essentiel aux nations agricoles, que de faciliter au Souverain, ses études & travaux ? Tel seroit l'usage du bureau d'administration.

TROIS CABINETS.

Selon la division naturelle de la société en trois classes.

Mettez à la première classe, les propriétaires fonciers; ayant à leur tête le roi, son auguste famille, & tous ceux qui exercent une partie quelconque de son autorité souveraine, sous quelque titre que ce soit.

Mettez à la deuxième classe, tous ceux qui travaillent à la culture des terres, à la pêche, aux mines, aux carrières; c'est-à-dire, tous ceux qui contribuent par leurs avances & leurs travaux, à recueillir les productions naturelles dans l'état brut de leur simplicité primitive, tout ce qu'on appelle *Matières premières* des ouvrages, avant qu'on les ait façonnées.

A

Mettez à la troisième classe, les ouvriers qui façonnent ces matières premières, les voituriers qui les transportent, les marchands ou trafiquans qui les achetent pour les revendre; les hommes qui rendent aux autres des services personnels pour gagner des honoraires ou des gages; les artistes, artisans & domestiques; en un mot, tous ceux qui n'exercent pas l'autorité du roi, qui ne sont pas propriétaires-fonciers ou qui ne travaillent point à produire les matières premières.

Il y a nécessairement une liaison, une dépendance naturelle entre ces trois classes, un ordre de primogéniture, une influence des causes sur les effets qui mérite considération.

1o. Tous ceux qui vivent des dons, gratifications, salaires, gages & honoraires des hommes qu'ils servent ou qu'ils amusent, n'ont de fonctions à remplir, ni de profits à faire, qu'en supposant des personnes en état de les payer.

2o. Les marchands ou négocians, les manufacturiers, les voituriers ne peuvent payer des services personnels, ni vivre eux-mêmes, ni travailler de leur profession, à moins que les matières premières ne soient auparavant produites ou recueillies des mains de la nature par les avances & les travaux des laboureurs, des vignerons, des pêcheurs, des mineurs, fermiers & propriétaires.

3o. Les avances des producteurs, celles des manufacturiers, des négocians, des artisans, ainsi que leurs travaux divers, & même ceux de gens d'art & des talens ne se feroient point, s'il n'y avoit point de société organisée, point de sûreté au-dedans & au-dehors, point d'instruction, point de justice, point de police, point de chemins, de ponts, de navigation, d'édifices publics; en un mot, point d'*autorité*, point d'*avances souveraines*. Mais au moyen d'une autorité *monarchique* bien exercée, & d'avances souveraines bien employées par les officiers & mandataires du roi, les propriétés foncières & les exploitations rurales sont dans la prospérité: ces deux causes réunies font fleurir les manufactures & le négoce, & toutes les trois font vivre une multitude de salariés, de domestiques, de gens d'art & de talens.

Tel eſt l'enchaînement des trois claſſes d'hommes, d'actions & de travaux qui compoſent la ſociété policée la plus nombreuſe.

Ces trois diviſions comprennent tout: leur caractère eſt facile à ſaiſir & à retenir, la diſtinction eſt fondée ſur la nature même.

Le bureau d'adminiſtration ſera donc formé de trois cabinets, dont

Le premier ſera deſtiné aux extraits, notes, mémoires, inſtructions, actes & projets relatifs à la première claſſe.

Le ſecond ſera deſtiné aux extraits, notes, mémoires, &c. relatifs à la ſeconde claſſe; enfin,

Le troiſième ſera deſtiné à la troiſième claſſe.

INVENTAIRE DU PREMIER CABINET.

DIVISION GÉNÉRALE.

Les mandataires du roi qui rempliſſent quelques-unes des fonctions de ſon autorité ſouveraine, peuvent être rangés en trois départemens qui ſont relatifs aux trois principales fonctions de l'autorité royale.

La première eſt l'*inſtruction*, la ſeconde la *protection*, la troiſième l'*Adminiſtration*.

Chacune des trois a ſes ſubdiviſions particulières également naturelles & faciles à ſaiſir.

Le premier cabinet doit être partagé en trois grands côtés.

Le premier doit être intitulé: *mandataires de l'autorité royale au département de l'inſtruction*.

Le ſecond: *mandataires de l'autorité royale au département de la Protection*.

Le troiſième: *mandataires de l'autorité royale au département de l'adminiſtration*.

Sur le quatrième côté, peut être placé, par forme de ſupplément, un ſerre-papiers plus intime ſous ce titre: *le roi & la famille royale*. Ce dépôt plus ſecret ſeroit deſtiné aux affaires perſonnelles du roi & de ſon auguſte maiſon qui forment la tête de la nation.

PREMIER COTÉ DU PREMIER CABINET,

ou *Département de l'inſtruction.*

Ce premier département eſt le fondement de toute police, de tout ordre, de tout bien dans un état. Plus une nation eſt ſolidement inſtruite de ce qu'elle doit ſavoir, plus le Souverain & les ſujets ſont riches, heureux & puiſſans; plus ils méritent de l'être. Le moyen eſſentiel de l'inſtruction eſt l'honnête liberté pour quiconque voudra mettre ſon nom à ſon ouvrage, & les objets de l'inſtruction ſe réduiſent en général à trois, ſavoir;

1°. *Inſtruction relative aux mœurs.*

2°. *Inſtruction relative aux ſciences & aux arts-libéraux.*

3°. *Inſtruction relative à la pratique des métiers & travaux méchaniques.*

PREMIERE ARMOIRE DE CE DÉPARTEMENT.

Inſtruction relative aux mœurs.

Le clergé du royaume eſt chargé par ſon état & ſous l'autorité du Roi, de cette fonction la plus auguſte de toutes.

La morale pratique de Juſtice & de bienfaiſance, étant fondée ſur la raiſon & ſur l'Evangile, l'obſervation de ces loix étant utile aux états, l'inſtruction qui fonde les mœurs eſt un des objets de la ſollicitude royale.

Sous ce point de vue, les officiers de morale, ou les eccléſiaſtiques ſont les mandataires de l'autorité ſouveraine; ainſi la première armoire de ce département doit être intitulée: l'*inſtruction morale* ou *le Clergé*. Cette armoire aura trois tablettes. La première tablette ſera intitulée : *ſes droits*; la ſeconde, *ſon organiſation*; la troiſième, *ſes revenus & prérogatives.* Chacune de ces tablettes contiendroit divers cartons qui feroient étiquetés & numérotés de la manière la plus claire & la plus commode.

IIe. Armoire de ce département.

Instruction relative aux Sciences spéculatives.

Cette armoire aura également trois tablettes.
La première fera intitulée : *univerfités*, *collèges*, *écoles*.
La feconde : *académies*, *fociétés littéraires*, *beaux-arts*.
La troifième : *auteurs*, *imprimeries*, *librairies*, *bibliotheques*.

IIIe. Armoire de ce département.

Inftruction relative aux arts pratiques.

Trois Tablettes. La première étiquetée *arts mécaniques*; la feconde *métiers des artifans*; la troifième *manufacture en grand*. L'arrangement des cartons eft facile à imaginer & à exécuter.

C'eft ainfi que le prince pourra, fans nul embarras & fans confufion, dépofer, arranger & confulter à fon gré tous les matériaux qu'il jugera néceffaires à fes propres études & travaux, relativement à la première fonction de fon autorité fouveraine, qui eft l'inftruction.

IIe. COTÉ DU PREMIER CABINET,

ou *Département de la protection.*

Ce département contient d'abord deux divifions principales, favoir ;

1ere. Divifion. *Protection intérieure.*
2e. Divifion. *Protection extérieure.*

Après avoir procuré la meilleure inftruction poffible à fes fujets, le devoir, le droit, l'intérêt du fouverain eft de les protéger, c'eft-à-dire, de garantir le mieux poffible, à chacun d'eux, fes propriétés, avec la liberté d'en jouir à ſon gré, pour ſon plus grand bien-être, ſans attenter à la propriété d'autrui. Il s'agit donc d'empêcher les attentats contre la propriété d'autrui, les outrages, les violences, les pillages, les uſurpations.

Empêcher qu'aucun ſujet n'en vexe un autre, c'eſt l'office de la protection intérieure.

Empêcher que les étrangers ne vexent la Nation, c'eſt l'office de la protection extérieure.

Protection intérieure.		*Protection extérieure.*	
Trois Armoires.		Trois Armoires.	
La 1ere.	*Juſtice Civile.*	La 1ere.	*Forces Militaires.*
La 2e.	*Juſtice Criminelle.*	La 2e.	*Marine.*
La 3e.	*Police.*	La 3e.	*Négociations.*

PREMIERE ARMOIRE DE LA PROTECTION INTÉRIEURE.

Juſtice Civile.

Trois tablettes. La 1ere. *Légiſlation Françoiſe.*
La 2e. *Organiſation hiérarchique des tribunaux.*
La 3e. *Droits, émolumens, abus, projets de réforme.*

Même diſtribution pour les deux autres armoires.

PREMIERE ARMOIRE DE LA PROTECTION EXTÉRIEURE.

Trois tablettes. La 1ere. *Organiſation hiérarchique des troupes & armées, états-majors, &c. & des hommes de tout grades qui les compoſent.*
La 2e. *Leurs ſolde, équipemens, montures, armemens, &c.*
La 3e. *Génie, artillerie, places de guerre.*

IIe. ARMOIRE DE LA PROTECTION EXTÉRIEURE.

Trois tablettes. La 1ere. *Marine guerrière, troupes, forteresses.*
La 2e. *Colonies, & leur gouvernement intérieur.*
La 3e. *Marine marchande, commerce extérieur.*

IIe. ARMOIRE DE LA PROTECTION EXTÉRIEURE.

Trois tablettes. La 1ere. *Etats avec lesquels il faut négocier.*
La 2e. *Objets des négociations.*
La 3e. *Employés aux négociations, leur solde, &c.*

Ce département de la protection royale étant fort considérable, & chacune de ses parties fort importante & même fort compliquée en apparence, on sent néanmoins, qu'au moyen de l'ordre proposé, les divers cartons de chaque tablette étant étiquetés & rangés avec ordre, le Prince pourra, sans aucune peine, y déposer ou consulter tous les écrits qui lui seront utiles.

IIe. COTÉ DU PREMIER CABINET,

ou *département de l'Administration.*

En premier lieu, ce département a comme le précédent deux branches principales, qui sont de la plus extrême importance, & qui règlent même les deux précédens.

1ere. Branche. *Recette des revenus.*
2e. Branche. *Emploi de ces mêmes revenus.*

Le sort de l'Etat, la gloire, la richesse, le bonheur du souverain, dépendent principalement de ces deux articles fondamentaux.

Il s'agit de bien recevoir les vrais revenus, ce qui dépend de la forme de la perception. Si la forme est bonne, le souverain reçoit tout ce qu'il peut réellement avoir, & les peuples ne paient que ce qu'ils doivent. Si elle est mauvaise, le Prince ne reçoit que la moitié, le tiers, le quart de ce qu'il pourroit avoir, & cependant les peuples paient plus, & même beaucoup plus qu'ils ne devroient.

Il en est de même de la dépense. Si elle est faite en bonne règle, le Souverain ne dépense que ce qu'il faut, & les objets utiles sont remplis. S'il n'y a pas de règle, on dépense dix fois plus & tout va mal.

La bonne administration contient une *troisième branche* non moins importante. C'est la distribution des charges, emplois, graces & honneurs qui dépendent du souverain, S'il s'applique à ne donner aucun emploi quelconque, grand ou petit, aucune distinction qu'au mérite réel, c'est-à-dire, aux talens pour la place, joints à la probité & aux bonnes mœurs, il se forme une bonne & louable émulation universelle dans tous les états. Il est douteux lequel des deux gaspillages est le plus pernicieux dans une monarchie, ou celui de l'argent, ou celui des places & honneurs.

Ainsi, le côté de ce cabinet qui est destiné au département de l'administration, contiendra trois divisions, savoir :

La 1ere. *Recette des revenus.*
La 2e. *Dépense des revenus.*
La 3e. *Distribution des emplois.*

PREMIÈRE DIVISION.

Recette des revenus. Trois armoires.

1ere. Armoire. *Recette générale des finances.*
2e. . . . . . *De la ferme générale.*
3e. . . . . . *Des autres régies.*

DIVISION DE LA 1ere. ARMOIRE EN QUATRE TABLETTES.

1ere. Tablette. *Nature des revenus & législation y relative.*
2e. . . . . . *Tableaux des employés.*
3e. . . . . . *Produits anciens & nouveaux.*
4e. . . . . . *Détail des mauvais effets que les droits peuvent opérer, abus & idées de réforme.*

Même distribution pour les deux autres armoires, & sur chaque tablette des trois armoires, des cartons étiquetés & distribués par ordre.

IIe. DIVISION.

Dépense des revenus. Trois armoires.

1ere. Armoire. *Pensions, gages, soldes, salaires.*
2e. . . . . . *Ouvrages, achats, fournitures.*
3e. . . . . . *Acquittement des dettes.*

DIVISION DE LA Iere. ARMOIRE EN TROIS TABLETTES.

1ere. Tablette. *Dépenses pour le Roi & la famille royale.*
2e. . . . *Pour les départemens militaires & politiques.*
3e. . . . *Pour les départemens intérieurs & civils.*

Même distribution pour la seconde armoire.

DIVISION DE LA IIIe. ARMOIRE EN TROIS TABLETTES.

1ere. Tablette. *Dettes non fondées*, ou *dettes criardes.*
2e. . . . *Rentes constituées.*
3e. . . . *Rentes viagères.*

IIIe. DIVISION.

Distribution des emplois. Trois armoires.

1ere. Armoire. *Emplois au département de l'instruction.*
2e. . . . . *Emplois au département de la protection.*
3e. . . . . *Emplois au département de l'administration.*

DIVISION DE LA Iere. ARMOIRE EN TROIS TABLETTES.

1ere. Tablette. *Places de la cour.*
2e. . . . . *Bénéfices du clergé.*
3e. . . . . *Avancement des hommes célèbres* pour les sciences, pour les arts utiles, & notamment pour l'agriculture, le commerce, les manufactures.

Il paroîtra peut-être singulier qu'on mette à la tête de cette partie, les simples officiers domestiques du Roi, de la reine & de la famille royale. Cependant, si l'on réfléchit combien l'exemple du Roi & de la cour influe sur les mœurs de la Nation, & même sur l'administration; il sera facile de voir qu'un des premiers soins doit être de ne placer auprès de la famille royale que des personnes d'un vrai mérite.

DIVISION DE LA IIe. ARMOIRE EN QUATRE TABLETTES.

1ere. Tablette. *Grades militaires.*
2e. . . . . *Grades de marine.*
3e. . . . . *Offices de judicature & du conseil.*
4e. . . . . *Emplois dans les négociations.*

DIVISION DE LA IIIe. ARMOIRE EN TROIS TABLETTES.

1ere. Tablette. *Emplois de confiance dans la recette des revenus.*
2e. . . . . Idem pour *la dépense.*
3e. . . . . Idem pour *l'acquittement des dettes.*

Tel pourroit être l'ordre & la distribution du premier des cabinets, qui serviroient de serre-papiers à un Prince. C'est dans cette première pièce qu'il pourroit voir en abrégé tout son gouvernement, sans embarras ni confusion ; chaque partie étant à sa place avec des titres bien marqués.

. ENTAIRE DU IIe. CABINET.

IDÉES FONDAMENTALES.

LES productions naturelles considérées dans leur état de simplicité primitive, avant d'avoir été façonnées par aucun des arts, se réduisent à trois espèces, suivant les trois règnes de la Nature, savoir : les végétaux, les animaux, les minéraux. Les végétaux forment la première, parce qu'ils nourrissent principalement les hommes & les animaux. Quant aux minéraux, c'est le travail des hommes & des animaux qui les tirent des entrailles de la terre.

Le *but* de l'art agricole est de multiplier les productions naturelles qui sont les plus utiles ; de les rendre meilleures dans leur espèce, d'en faciliter la récolte & la conservation. Les *moyens* sont les avances, travaux & frais préparatoires ; car la Nature ne fait ni vignes, ni terres à blé, ni prés, ni jardins, encore moins des cultures & des récoltes.

Il faut trois sortes de dépenses. Les premières sont les avances foncières des propriétaires, c'est-à-dire, les maisons des fermiers, granges, étables, &c. Le premier défrichement des terres, les plantations d'arbres, fossés, clôtures, &c.

La deuxième espèce de dépenses, est l'avance première ou primitive que fait le fermier en bestiaux, outils aratoires, meubles & autres premières mises ; en un mot, son fonds de culture.

La troisième espèce, est la dépense annuelle & journalière qui se fait en semences, en nourriture d'hommes & d'animaux, en salaires & gages d'ouvriers & de domestiques. Toutes ces avances sont les causes de la récolte. Plus on en fait, & meilleure est cette récolte. Or, elle comprend tout, savoir ; les subsistances des êtres vivans, & les matières premières de tous les ouvrages des arts.

Dans toute récolte, il faut distinguer la *production totale* du *revenu quitte*. Car sur la production totale, il faut prélever les frais ou reprises de la culture, savoir ;

1°. La totalité des frais qui se font & se renouvellent tous les ans.

2°. L'entretien du fonds primitif ou de l'atelier du cultivateur, l'intérêt de l'argent qu'il y a mis, & la compensation de ses risques & pertes.

Quand on a prélevé ces deux objets pour le compte du cultivateur, ou, pour mieux dire, de la culture, le reste est revenu quitte, c'est lui qui règle *le prix* ou *la valeur foncière* d'un bien *réel*, & ce *prix* détermine de *l'impôt*.

Exemple.

On suppose une récolte qui vaut en tout six mille livres ; le fermier en dépense tous les ans deux mille en frais habituels & journaliers, premier article à prélever, ou premier objet de reprises, ci, pour avances annuelles, 2000 liv.

Ce fermier n'a pu entrer en jouissance qu'en apportant un fonds de dix mille livres en bestiaux, outils aratoires, meubles, &c. 1°. Ce capital doit lui produire intérêt. 2°. Ses instrumens aratoires dépérissent, il faut les renouveler. 3°. Pendant la durée de son bail, il court des risques, il essuie des pertes sur ses bestiaux & sur ses récoltes ; or pour les trois objets réunis, ce n'est pas trop de mille livres, ci.	1000	Intérêt à 10 pour 100 des 10,000 livres d'avances primitives.
Total des reprises d'un fermier sur une récolte évaluée six mille livres, ci . . .	3000	6000 livres.
Le produit net est donc de.	3000	

C'est-là ce qui fait le revenu, en sorte que le fermier ne peut donner par bail à son propriétaire que mille écus; d'où résulte que l'héritage peut être vendu soixante mille livres, & payer six cents livres lorsque l'impôt est d'un centième du prix foncier ou d'un cinquième du *revenu*, il en reste deux mille quatre cents livres au propriétaire; s'il est sage, il en consacrera tous les ans un tiers à l'entretien & à l'amélioration de ses avances foncières; ce tiers enfin prélevé, le reste est disponible, il peut en faire tout ce que bon lui semble, il le dépensera avec la deuxième & troisième classe, en subsistances & en matières façonnées.

C'est sur-tout dans les pays qui ont été long-temps dégradés par une mauvaise administration que cette sagesse des propriétaires est très-utile, & un prince rendroit à son état le plus grand de tous les services, s'il excitoit par ses exhortations & par ses faveurs dans la distribution des emplois, les propriétaires fonciers à user de cette sagesse.

C'est donc de l'immunité absolue des reprises du cultivateur, de la sagesse des propriétaires à entretenir & améliorer leurs avances foncières, de la sagesse du gouvernement à n'asseoir l'impôt que sur *la valeur actuelle des fonds*, & à l'employer fidèlement à l'entretien & à l'amélioration des avances souveraines; c'est, dis-je, de ces trois articles essentiels que dépend l'amélioration du royaume & sa conservation.

Si pendant plusieurs années les cultivateurs n'ont pas leurs reprises, ou la restitution de leurs frais, la culture dépérit nécessairement.

Si les propriétaires n'entretiennent pas leurs avances foncières, les terres dépérissent de même, & les avances souveraines ont le même sort, si le produit de l'impôt leur est refusé.

Les avances annuelles, les avances primitives, les avances foncières & les avances souveraines sont donc précisément la boussole, ou, si l'on veut, le thermomètre du Gouvernement. Toutes ces avances prospèrent à proportion de ce que l'autorité suprême est mieux exercée dans tous ses points; & à proportion que toutes ces avances prospèrent, tous les arts fleurissent, tout est heureux depuis le sceptre jusqu'à la houlette. Plus il y a de récoltes, plus aussi il y a de matières premières pour les ouvrages, de subsistances pour les ouvriers, & de jouissances pour tous les hommes.

Ces principes qui sont clairs & frappans indiquent l'ordre qui doit être observé dans le second cabinet d'administration du Souverain.

DIVISION DU IIe. CABINET.

1°. Autant d'armoires que de généralités ou grands gouvernemens.

2°. Chaque armoire divisée par grands bailliages ou sénéchaussées.

3°. Chaque ressort par paroisse.

4°. Pour chaque paroisse, six porte-feuilles & six registres.

Le 1er. porte-feuille & le 1er. registre seront étiquetés : *Etats des fonds ruraux & des avances foncières.*

Les 2es. *Etats des avances primitives & annuelles de culture.*

Les 3es. *Etats des récoltes* ou *productions rurales.*

Les 4es. *Etats du produit net.*

Les 5es. *Etats du produit de l'impôt.*

Les 6es. *Etats des avances souveraines.*

Dans le premier porte-feuille, & à la tête du premier registre, doit être le plan topographique de l'arrondissement.

Sur ce plan seront marquées les propriétés publiques qui sont aux frais & entretien du gouvernement, tels que chemins, rivières, ponts, moulins, halles, bibliothèques, &c.

Dans le deuxième porte-feuille seront des extraits de tous les baux à ferme.

Dans le troisième les procès-verbaux des pertes occasionnées par incendies, inondations, grêles, &c.

Dans le quatrième l'impôt dû par chaque propriété suivant sa *valeur foncière.*

Dans le sixième les procès-verbaux d'adjudication des travaux publics au rabais, & les procès-verbaux de vérification d'iceux, les états de recette & dépense du produit de l'impôt.

Chaque armoire contiendra en outre un plan ou tableau général de tous les objets ci-dessus indiqués pour chaque ressort & pour chaque gouvernement.

Tous ceux de ces états particuliers & généraux qui sont sujets à variation chaque année, seront renouvelés tous les ans

Dans ce second cabinet, le Souverain auroit l'état le plus juste de tous les fonds ruraux de France, & de leurs produits. Le prince pourroit, en comparant les états anciens avec les nouveaux, savoir en un instant si son empire s'améliore, se maintient ou se dégrade.

Rien ne seroit plus utile aux citoyens que ces plans & les états détaillés que chaque ressort seroit chargé de fournir au roi : avec ces états on pourroit vérifier dans la minute tous les faits importans.

INVENTAIRE DU IIIe. CABINET.

Idées fondamentales.

L'AGRICULTURE ne fournissant les productions naturelles des trois règnes que dans l'état brut de leur simplicité primitive, il faut qu'un autre art les façonne pour les rendre propres aux jouissances utiles ou agréables.

Les hommes qui leur donnent ces premières façons s'appellent *Manufacturiers*. Ceux qui reçoivent en gros les marchandises manufacturées, pour en faire des habitations, des meubles, des vêtemens, des bijoux, &c. s'appellent *Artisans*. Ceux qui reçoivent les productions, façonnées ou non, pour les transporter d'un lieu en un autre, se nomment *Voituriers*.

Ceux qui les achètent pour les revendre, se nomment *Marchands* ou *Commerçans*, parmi lesquels ceux qui naviguent, ou les *Armateurs* de navires tiennent la première place.

A proprement parler, le commerce, ou échange comprend :

1o. Les producteurs des matières échangées.

2o. Les manufacturiers qui les ont façonnées.

3°. Les acheteurs-revendeurs.

4°. Les voituriers.

5°. Les derniers consommateurs.

Il est même à remarquer, comme un objet de la plus grande importance, que les producteurs & les consommateurs sont les parties essentielles du commerce, sans lesquelles il ne peut exister; au lieu qu'on se passe de manufacturiers dans plusieurs cas, comme lorsqu'il s'agit de subsistances ou de matières qu'on veut employer dans leur état de simplicité naturelle; on se passe aussi de voituriers, quand les objets se consomment sur le lieu même où ils ont été formés : on se passe enfin d'acheteurs revendeurs, lorsque les propriétaires ou les manufacturiers se chargent eux-mêmes de vendre leurs marchandises.

Ainsi les manufacturiers, les voituriers, les marchands en gros & en détail sont des parties contingentes & accessoires du commerce; au lieu que les producteurs & les consommateurs en sont les parties essentielles & nécessaires : c'est un point capital qu'il ne faut pas oublier, parce que les acheteurs-revendeurs ont voulu s'attribuer à eux seuls la qualité de commerçans, & que sous ce prétexte, ils ont voulu se faire donner des avantages au préjudice des producteurs & des consommateurs. C'étoit évidemment sacrifier le principal à l'accessoire, détruire le fondement pour orner le toit de la maison.

Ainsi nous avons déjà quatre divisions bien marquées dans la classe des hommes qui font des travaux & des avances pour nous faire jouir des productions naturelles, de la manière la plus utile & la plus agréable : ce sont 1°. *les manufacturiers*, 2°. *les voituriers*, 3°. *les marchands*, 4°. *les artisans*. Il reste une cinquième division, c'est celle des hommes qui rendent aux autres des services personnels. Il en faut distinguer deux espèces différentes.

La première comprend les personnes à talens, les artistes, avocats, procureurs, musiciens, &c.

La seconde comprend les simples domestiques gagistes ou salariés pour des services corporels, enfin les mendians occupent la dernière place.

Cette cinquième division complette le tableau de la société la plus nombreuse, & en apparence la plus compliquée. Il n'y a pas un individu, pas un travail, pas une dépense qui ne puisse être classé & mis à son vrai rang dans les divisions qu'on vient d'établir.

DIVISION DU TROISIÈME CABINET.

Il faut comme au précédent cabinet, autant d'armoires qu'il y a de généralités.

Chaque armoire également divisée par bailliages ou sénéchaussées.

Et pour chaque ressort, six porte-feuilles ainsi étiquetés :

Le 1er. *Manufactures*, le 2e. *voituriers*, le 3e. *marchands*, le 4e. *artisans*.

Le 5e. porte-feuille sera double, & portera deux titres ; savoir ; *gens à talens*, *domestiques* & *salariés*.

Le 6e. porte-feuille sera aussi double, & aura aussi deux titres, savoir ;

Mendians invalides. *Mendians valides.*

RÉSUMÉ GÉNÉRAL.

Il est évident qu'un souverain posséderoit dans ces trois cabinets l'image au vrai de son royaume, sans confusion & sans embarras.

Il faudroit sans doute, pour former ce bureau, du temps & des soins ; mais en le formant, le prince s'instruiroit & s'amuseroit.

Il faudroit à mesure faire des tables générales par lettres alphabétiques, une table particulière à chacun des trois cabinets, & une table universelle pour tout le bureau.

FIN.

www.ingramcontent.com/pod-product-compliance
Lightning Source LLC
LaVergne TN
LVHW020423230826
846091LV00004B/1382

* 9 7 8 2 0 1 6 1 2 9 8 7 6 *